AF438218

La Mente de la Mujer

Gerard Roussel

Gerard Roussel

Página de Derechos de Autor

3

Datos legales y legales
Titular de los derechos de autor: © 2024, Roberto Albira
Año: 2024
Autor: © Gerard Roussel

Ninguna parte de este libro puede ser reproducida, almacenada en un sistema de recuperación o transmitida de cualquier forma o por cualquier medio, ya sea electrónico, mecánico, fotocopiado, grabado o de otra manera, sin el permiso previo y por escrito del autor o editor. . Se permite hacer citas breves en reseñas críticas y ciertos otros usos no comerciales según lo permitido por la ley de derechos de autor.

Primera edición
Todos los Derechos Están Reservados

Gerard Roussel

Indice

Comprendiendo la Mente Femenina

La mente femenina es un terreno fascinante y complejo, lleno de matices y particularidades que han sido objeto de estudio y curiosidad durante siglos. Para comprenderla, es fundamental reconocer que no existe un único tipo de mente femenina; cada mujer es un universo en sí misma, con pensamientos, emociones y experiencias que la moldean de manera única. Sin embargo, hay ciertos patrones y características comunes que nos ayudan a entender mejor cómo funciona la psicología femenina y, en última instancia, cómo podemos apoyar a las mujeres para que se entiendan a sí mismas.

Desde el principio, es crucial destacar que la mente femenina no es ni más simple ni más complicada que la masculina; simplemente opera de manera diferente en algunos aspectos. Estas diferencias no son universales ni rígidas, pero ayudan a explicar por qué las mujeres tienden a experimentar el mundo de una manera particular. Uno de los factores más influyentes en la forma en que funciona la mente femenina es la biología. El cerebro de las mujeres está estructurado de manera que les permite ser excepcionalmente hábiles en la percepción emocional y la empatía. Esto significa que, en general, las mujeres tienden a estar más sintonizadas con sus propias emociones y con las de los demás. Esta capacidad para captar y procesar señales emocionales es una de las razones por las que muchas mujeres son tan intuitivas y están tan conectadas emocionalmente con su entorno.

Pero no todo es biología. La mente femenina también está profundamente influenciada por la sociedad y la cultura en la que se desenvuelve. Desde una edad temprana, las niñas son socializadas para ser cuidadoras, para estar en sintonía con los sentimientos de los demás, y para valorar la cooperación por encima de la competencia. Estas enseñanzas, a menudo inconscientes, moldean la forma en que las mujeres piensan, sienten y actúan. Por ejemplo, muchas mujeres aprenden a priorizar las necesidades de los demás sobre las suyas, lo que puede llevarlas a desarrollar un fuerte sentido de responsabilidad y a veces, una tendencia a descuidar su propio bienestar.

La mente femenina también es muy sensible a las expectativas sociales. En muchas culturas, las mujeres están bajo presión para cumplir con ciertos roles y normas, lo que puede generar conflictos internos y afectar su autoestima. Por ejemplo, se espera que las mujeres sean simultáneamente exitosas en su carrera, madres dedicadas, y parejas amorosas, todo mientras mantienen una apariencia física "ideal". Esta carga de expectativas puede ser abrumadora y puede llevar a las mujeres a cuestionarse a sí mismas y a sentir que nunca están haciendo lo suficiente. Sin embargo, es importante reconocer que estas expectativas son construcciones sociales, no verdades absolutas, y que cada mujer tiene el derecho de definir su propio camino.

Otro aspecto clave de la mente femenina es su capacidad para manejar múltiples tareas y responsabilidades al mismo tiempo. Muchas mujeres tienen una asombrosa habilidad para equilibrar su vida personal, profesional y social, lo que requiere una gran cantidad de energía mental y emocional. Esta capacidad de multitarea es a menudo vista como una fortaleza, pero también puede ser una fuente de estrés y agotamiento. Es vital que las mujeres aprendan a reconocer cuándo están asumiendo demasiado y a establecer límites saludables para proteger su bienestar.

El ciclo hormonal también juega un papel importante en la vida de las mujeres y en cómo experimentan el mundo. Las fluctuaciones hormonales que ocurren a lo largo del ciclo menstrual pueden afectar el estado de ánimo, la energía y la percepción emocional. Aunque estos cambios son completamente normales, pueden ser desconcertantes si no se entienden bien. Es esencial que las mujeres tengan acceso a información clara y precisa sobre cómo sus cuerpos y mentes están conectados, para que puedan navegar por estos cambios con mayor confianza y menos ansiedad.

Un aspecto a menudo subestimado de la mente femenina es su resiliencia. A lo largo de la historia, las mujeres han enfrentado innumerables desafíos, desde desigualdades de género hasta expectativas sociales restrictivas. Sin embargo, han demostrado una increíble capacidad para adaptarse, superar adversidades y seguir adelante. Esta resiliencia no es solo una cuestión de fuerza de voluntad, sino también de la capacidad de las mujeres para apoyarse mutuamente, encontrar soluciones creativas a los problemas y mantener una visión a largo plazo incluso en tiempos difíciles.

Finalmente, es importante destacar que comprender la mente femenina no es solo un ejercicio intelectual, sino una herramienta para fomentar el bienestar y la autoaceptación. Al entender mejor cómo piensan y sienten, las mujeres pueden aprender a ser más amables consigo mismas, a reconocer sus propios patrones de pensamiento y comportamiento, y a tomar decisiones más conscientes sobre sus vidas. Además, esta comprensión puede ayudar a crear un mundo más empático y solidario, donde las diferencias se celebren y las mujeres se sientan valoradas y comprendidas en toda su complejidad.

En resumen, la mente femenina es un paisaje rico y variado, formado por la biología, la cultura, las experiencias personales y las expectativas sociales. Aunque cada mujer es única, hay aspectos comunes que nos permiten ofrecer una comprensión más profunda de cómo piensan y sienten. Al explorar estos temas con una mente abierta y un corazón empático, podemos apoyar a las mujeres en su viaje hacia la autoaceptación y el bienestar, ayudándolas a vivir vidas más plenas y satisfactorias.

Cerebro Femenino vs. Cerebro Masculino

El cerebro es una de las estructuras más fascinantes y complejas del cuerpo humano, y aunque el cerebro de hombres y mujeres es más parecido de lo que es diferente, existen ciertas distinciones que pueden influir en cómo cada género percibe el mundo, procesa la información y reacciona ante distintas situaciones. Es importante aclarar desde el principio que estas diferencias no implican superioridad o inferioridad de un género sobre el otro; más bien, nos ayudan a entender mejor las variaciones naturales en el pensamiento y el comportamiento entre mujeres y hombres.

Una de las diferencias más mencionadas entre los cerebros femenino y masculino radica en cómo están conectadas las distintas regiones del cerebro. En general, los estudios han demostrado que el cerebro femenino tiende a tener más conexiones entre los hemisferios izquierdo y derecho, mientras que en los hombres, las conexiones suelen ser más fuertes dentro de cada hemisferio. Esto significa que las mujeres, en promedio, tienden a integrar mejor la información emocional (hemisferio derecho) con la información lógica y verbal (hemisferio izquierdo). Como resultado, las mujeres a menudo tienen una habilidad notable para leer y comprender las emociones tanto propias como ajenas, lo que les permite ser más empáticas y sintonizadas con las relaciones interpersonales.

Por otro lado, el cerebro masculino suele estar más especializado, con una mayor capacidad para enfocarse en tareas específicas y procesar la información de manera más lineal. Esta diferencia puede explicar por qué los hombres a veces prefieren abordar un problema de manera directa y enfocada, mientras que las mujeres pueden considerar múltiples perspectivas y factores emocionales antes de tomar una decisión. En situaciones cotidianas, esto puede verse reflejado en cómo los géneros manejan los conflictos o resuelven problemas: las mujeres podrían querer discutir los sentimientos y explorar diversas opciones, mientras que los hombres podrían inclinarse por una solución rápida y eficiente.

El tamaño del cerebro es otro aspecto que a menudo se discute, aunque es importante no malinterpretar esta información. En promedio, el cerebro masculino es ligeramente más grande que el femenino. Sin embargo, esto no significa que los hombres sean más inteligentes; el tamaño del cerebro no está directamente relacionado con la capacidad intelectual. De hecho, la densidad de las neuronas y la eficiencia de las conexiones son más importantes que el tamaño. En las mujeres, el cerebro puede ser más pequeño en términos de volumen, pero a menudo es más denso en algunas regiones clave, lo que les permite procesar la información de manera rápida y eficiente.

Otro punto de interés es cómo los cerebros masculino y femenino reaccionan al estrés. Las investigaciones sugieren que las mujeres suelen activar más áreas del cerebro relacionadas con la emoción y la memoria cuando enfrentan situaciones estresantes. Esto podría explicar por qué las mujeres a menudo recuerdan los detalles emocionales de eventos estresantes y tienden a procesar el estrés a través de la conversación y el apoyo social. En contraste, los hombres pueden mostrar una respuesta más física al estrés, activando áreas del cerebro que preparan al cuerpo para una respuesta de lucha o huida. Esta diferencia podría ser la razón por la cual los hombres a veces prefieren lidiar con el estrés a través de la actividad física o el aislamiento temporal.

El lenguaje es otra área donde los cerebros de hombres y mujeres pueden diferir. Las mujeres tienden a tener una mayor capacidad verbal desde una edad temprana, lo que se refleja en una mayor fluidez verbal y una habilidad para expresar sentimientos con palabras. Esto no significa que los hombres no puedan ser buenos comunicadores, sino que, en promedio, las mujeres suelen tener una ventaja en la comunicación verbal y emocional. Esta diferencia se debe, en parte, a que las mujeres tienden a usar ambos hemisferios del cerebro cuando procesan el lenguaje, mientras que los hombres tienden a utilizar principalmente el hemisferio izquierdo.

Sin embargo, es importante tener en cuenta que estas diferencias son generalizaciones y no se aplican a todos. La neuroplasticidad del cerebro, o su capacidad para cambiar y adaptarse, significa que cada persona, independientemente de su género, puede desarrollar habilidades y capacidades en función de sus experiencias y entorno. Además, muchas de estas diferencias son influenciadas por factores culturales y sociales que moldean la forma en que los hombres y mujeres son educados y se comportan.

En términos de emociones, las mujeres tienden a ser más expresivas y a experimentar una gama más amplia de emociones en comparación con los hombres. Esto no significa que los hombres no sientan emociones intensamente, sino que, culturalmente, a menudo se les ha enseñado a no expresarlas tan abiertamente. El cerebro femenino tiene más neuronas espejo, que son células que nos ayudan a entender y empatizar con los sentimientos de los demás, lo que puede explicar por qué las mujeres son a menudo más sensibles a las emociones de quienes las rodean.

Finalmente, es esencial recordar que, si bien las diferencias entre los cerebros masculino y femenino pueden influir en ciertos comportamientos, estas diferencias no determinan el destino de una persona. Cada individuo es único, con un cerebro que se moldea y adapta según sus experiencias, educación y entorno. Entender estas diferencias puede ayudarnos a mejorar la comunicación y la cooperación entre hombres y mujeres, reconociendo y valorando las fortalezas que cada uno aporta a la mesa.

En resumen, los cerebros de hombres y mujeres tienen algunas diferencias en su estructura y funcionamiento, pero estas variaciones no hacen que uno sea mejor o peor que el otro. En lugar de enfocarnos en las diferencias, es más útil ver cómo estas variaciones pueden complementar y enriquecer nuestras interacciones. Al comprender mejor cómo funciona el cerebro femenino en comparación con el masculino, podemos apreciar la diversidad de pensamientos, emociones y enfoques que cada género aporta al mundo, y aprender a trabajar juntos de manera más armoniosa y efectiva.

La Mujer y las Emociones

Las emociones son una parte esencial de la experiencia humana, y para muchas mujeres, son una fuerza poderosa que influye en casi todos los aspectos de su vida. Comprender cómo las mujeres experimentan y manejan las emociones es clave para entenderlas mejor, ya que, aunque todos los seres humanos tienen emociones, las mujeres a menudo las viven de una manera más intensa y compleja. Esta intensidad no es un signo de debilidad o inestabilidad, sino una manifestación de la profunda conexión que muchas mujeres tienen con sus sentimientos y con las personas que las rodean.

Desde una edad temprana, las niñas suelen ser animadas a expresar sus emociones, a hablar sobre cómo se sienten y a conectarse emocionalmente con los demás. Esto contrasta con muchos niños, a quienes a menudo se les enseña a reprimir sus sentimientos o a no mostrar vulnerabilidad. Como resultado, las mujeres suelen desarrollar una mayor fluidez emocional, lo que significa que pueden identificar, etiquetar y comunicar sus emociones con mayor facilidad. Esta habilidad para articular sentimientos es una de las razones por las que las mujeres a menudo buscan apoyo emocional en momentos de estrés o conflicto, recurriendo a amigas, familiares o incluso a la escritura para procesar lo que sienten.

Pero la relación de las mujeres con las emociones no siempre es fácil. En una sociedad que a menudo subestima o desvaloriza las emociones, las mujeres pueden sentirse atrapadas entre la necesidad de expresar sus sentimientos y la presión para ser "fuertes" o "racionales". Esta tensión puede llevar a un torbellino emocional en el que las mujeres se sienten culpables por tener emociones fuertes o por mostrar vulnerabilidad. Sin embargo, es importante recordar que las emociones no son algo que se deba reprimir o ignorar; son una parte vital de lo que nos hace humanos y nos conectan con nuestras experiencias y con los demás.

Un aspecto fascinante de cómo las mujeres experimentan las emociones es su capacidad para sentir varias emociones al mismo tiempo. Por ejemplo, una mujer puede sentirse feliz por el éxito de una amiga mientras, simultáneamente, siente envidia de ese mismo logro. Esta capacidad para manejar emociones complejas y a veces contradictorias refleja la profundidad emocional de las mujeres y su habilidad para navegar por el complicado paisaje emocional de la vida cotidiana. Sin embargo, esta riqueza emocional también puede ser agotadora, y sin las herramientas adecuadas para manejarla, puede llevar al estrés, la ansiedad o incluso la depresión.

El ciclo hormonal también juega un papel crucial en la experiencia emocional de las mujeres. A lo largo del mes, las fluctuaciones en los niveles de hormonas como el estrógeno y la progesterona pueden influir en el estado de ánimo y la sensibilidad emocional. Muchas mujeres experimentan cambios en su nivel de energía, en cómo perciben los eventos cotidianos, y en su reactividad emocional dependiendo de en qué fase de su ciclo se encuentren. Durante la premenstruación, por ejemplo, algunas mujeres pueden sentirse más irritables, sensibles o tristes sin una razón aparente. Entender esta conexión entre hormonas y emociones puede ayudar a las mujeres a ser más compasivas consigo mismas y a reconocer que estos sentimientos son naturales y temporales.

Otra característica importante de la relación de las mujeres con las emociones es su tendencia a cuidar y nutrir a los demás. Muchas mujeres encuentran un profundo sentido de propósito en apoyar emocionalmente a sus seres queridos, lo que puede ser una fuente de satisfacción y felicidad. Sin embargo, este enfoque en los demás también puede llevar a descuidar sus propias necesidades emocionales. Es común que las mujeres se esfuercen tanto por asegurarse de que todos a su alrededor estén bien que se olvidan de cuidar su propio bienestar emocional. Aprender a encontrar un equilibrio entre dar y recibir apoyo emocional es crucial para mantener una salud mental positiva.

La empatía es otra piedra angular en la vida emocional de muchas mujeres. Esta capacidad para ponerse en el lugar de otra persona y sentir lo que ella siente es una habilidad poderosa que puede fortalecer las relaciones y crear conexiones profundas. Las mujeres suelen ser expertas en leer el lenguaje corporal, las expresiones faciales y los tonos de voz, lo que les permite captar las emociones de los demás incluso cuando no se expresan verbalmente. Esta empatía puede ser un regalo, pero también puede ser agotadora, especialmente si una mujer se siente abrumada por los problemas emocionales de quienes la rodean. Aquí es donde entra en juego la importancia del autocuidado y la necesidad de establecer límites emocionales para proteger su propia salud mental.

A lo largo de la vida, las mujeres desarrollan una increíble variedad de estrategias para manejar sus emociones. Algunas recurren al ejercicio, la meditación o la escritura como formas de procesar lo que sienten. Otras buscan apoyo en amistades cercanas o en la terapia para hablar sobre sus experiencias emocionales. Lo importante es que cada mujer encuentre lo que funciona mejor para ella y se dé permiso para experimentar y expresar sus emociones de manera saludable. No existe una forma "correcta" o "incorrecta" de sentir; lo que importa es que las mujeres aprendan a ser amables consigo mismas y a tratar sus emociones con el respeto y la atención que merecen.

El papel de la cultura y la sociedad también es fundamental en cómo las mujeres manejan sus emociones. En muchas culturas, se espera que las mujeres sean las cuidadoras emocionales, lo que puede crear una presión adicional para mantener la calma y la compostura en todo momento. Sin embargo, es importante recordar que las emociones son naturales y necesarias, y que no es realista ni saludable tratar de suprimirlas o ignorarlas. Las mujeres deben sentir que tienen el derecho de expresar sus emociones, ya sean de alegría, tristeza, enojo o miedo, sin temor a ser juzgadas o rechazadas.

En última instancia, la relación de las mujeres con las emociones es un aspecto central de su identidad y bienestar. Al aprender a comprender y aceptar sus emociones, las mujeres pueden vivir vidas más plenas y auténticas. Este proceso de autocomprensión y aceptación es un viaje continuo, lleno de desafíos y descubrimientos, pero también de crecimiento y empoderamiento. Las emociones no son un enemigo a vencer, sino un aliado en el camino hacia una vida rica y significativa.

En resumen, las emociones juegan un papel crucial en la vida de las mujeres, moldeando sus experiencias y relaciones de maneras profundas y significativas. Aunque a veces pueden ser abrumadoras, las emociones también son una fuente de fuerza, empatía y conexión. Al entender mejor cómo las mujeres experimentan y manejan sus emociones, podemos apoyar a las mujeres en su camino hacia el autoconocimiento y el bienestar emocional, ayudándolas a vivir con mayor equilibrio y felicidad.

El Ciclo Hormonal y su Impacto Psicológico

El ciclo hormonal es una parte fundamental de la vida de muchas mujeres, y aunque a menudo se habla de él en términos físicos, su impacto va mucho más allá de los síntomas corporales. Las fluctuaciones hormonales que ocurren a lo largo del ciclo menstrual tienen un profundo efecto en el estado de ánimo, la energía, y la manera en que una mujer experimenta el mundo. Comprender cómo estas hormonas afectan la mente femenina es clave para ayudar a las mujeres a navegar por estos cambios con mayor conciencia y control.

Para empezar, es útil entender que el ciclo menstrual no es solo un evento mensual; es un proceso continuo que dura aproximadamente 28 días, aunque puede variar de una mujer a otra. Durante este tiempo, los niveles de diferentes hormonas, como el estrógeno, la progesterona, y la testosterona, suben y bajan, afectando el cuerpo y la mente de maneras sutiles y no tan sutiles. Cada fase del ciclo tiene características específicas que influyen en cómo una mujer se siente emocionalmente, mentalmente y físicamente.

La primera fase del ciclo, conocida como la fase folicular, comienza con el primer día de la menstruación. Durante este tiempo, los niveles de estrógeno empiezan a aumentar, lo que puede traer consigo una sensación de renovación y energía. Muchas mujeres se sienten más optimistas y motivadas en esta fase, con una mayor claridad mental y una capacidad mejorada para concentrarse. Es un momento en el que las emociones tienden a ser más estables, y las mujeres pueden sentirse más sociables y abiertas a nuevas experiencias.

A medida que el estrógeno sigue aumentando, el cuerpo se prepara para la ovulación, que ocurre a mitad del ciclo. La ovulación es un evento breve, pero poderoso, en el que los niveles de estrógeno alcanzan su punto máximo, lo que puede llevar a un aumento en la energía, el deseo sexual, y la confianza. Muchas mujeres se sienten más seguras de sí mismas y atractivas durante la ovulación, lo que puede influir en cómo interactúan con los demás y en cómo toman decisiones. Este es un momento en el que la mente femenina puede estar particularmente enfocada en las relaciones y la conexión con los demás.

Después de la ovulación, el cuerpo entra en la fase lútea, donde los niveles de estrógeno comienzan a bajar y la progesterona toma el control. La progesterona es una hormona que tiene un efecto calmante en el cuerpo y la mente, lo que puede hacer que las mujeres se sientan más relajadas y menos inclinadas a la acción. Sin embargo, a medida que la fase lútea avanza, muchas mujeres comienzan a experimentar síntomas premenstruales, como irritabilidad, fatiga, y cambios de humor. Estos síntomas, a menudo agrupados bajo el término Síndrome Premenstrual (SPM), son el resultado de la caída en los niveles hormonales y pueden hacer que las mujeres se sientan más sensibles o vulnerables emocionalmente.

El impacto psicológico de estos cambios hormonales puede ser significativo. Durante la fase premenstrual, algunas mujeres pueden sentirse más ansiosas o deprimidas, incluso si no hay una razón obvia para ello. La sensibilidad emocional aumenta, y lo que normalmente sería una pequeña molestia puede parecer abrumador. Es común que las mujeres se sientan más introspectivas o que necesiten más tiempo a solas para procesar sus emociones durante esta fase. Es importante que las mujeres reconozcan estos sentimientos como una parte natural del ciclo y no se juzguen a sí mismas por sentirse "diferentes" en estos días.

El ciclo hormonal no solo afecta el estado de ánimo, sino también la percepción y el pensamiento. Por ejemplo, durante la fase premenstrual, algunas mujeres pueden notar que su mente tiende a enfocarse más en los problemas o desafíos, mientras que durante la fase folicular, pueden sentirse más creativas y optimistas. Esta fluctuación en el enfoque y la perspectiva es natural, y puede ser útil para las mujeres planificar sus actividades en función de la fase en la que se encuentran. Por ejemplo, los días posteriores a la menstruación pueden ser un buen momento para iniciar nuevos proyectos o actividades que requieran mucha energía, mientras que la fase premenstrual podría ser más adecuada para la reflexión y el descanso.

Otro aspecto importante a considerar es cómo estas fluctuaciones hormonales pueden influir en la autoestima y la imagen corporal. Durante la fase lútea, cuando el cuerpo retiene más líquidos y puede haber hinchazón, algunas mujeres pueden sentirse menos cómodas con su apariencia física, lo que puede afectar su confianza. Es crucial que las mujeres sean conscientes de que estos sentimientos son temporales y que no reflejan su verdadero valor o belleza. Aceptar que el cuerpo y la mente están en constante cambio a lo largo del ciclo puede ayudar a reducir la autocrítica y fomentar una actitud más compasiva hacia una misma.

Aunque el ciclo hormonal es una parte normal de la vida de las mujeres, puede ser un desafío manejar sus efectos emocionales, especialmente en un mundo que a menudo no tiene en cuenta estas variaciones naturales. Las mujeres a veces se sienten presionadas a "superar" sus sentimientos o a mantener un rendimiento constante, sin importar en qué fase del ciclo se encuentren. Sin embargo, es importante que las mujeres escuchen a sus cuerpos y respeten sus necesidades emocionales y físicas durante cada fase del ciclo. Esto podría significar tomarse un descanso cuando se sientan abrumadas, o aprovechar los momentos de alta energía para avanzar en sus metas.

En última instancia, comprender el ciclo hormonal y su impacto psicológico permite a las mujeres ser más conscientes de cómo sus cuerpos y mentes están interconectados. Al reconocer los patrones en sus emociones y comportamientos a lo largo del ciclo, las mujeres pueden anticipar y manejar mejor los desafíos emocionales que puedan surgir. Esta conciencia también puede empoderarlas para tomar decisiones más informadas sobre su salud y bienestar, desde la planificación de sus actividades diarias hasta la forma en que se relacionan con los demás.

En resumen, el ciclo hormonal tiene un impacto significativo en la vida emocional y psicológica de las mujeres. Las fluctuaciones en los niveles de estrógeno, progesterona y otras hormonas no solo afectan el cuerpo, sino también la mente, influyendo en cómo las mujeres se sienten, piensan y se comportan a lo largo del mes. Al entender mejor estos cambios, las mujeres pueden aprender a trabajar con su ciclo en lugar de luchar contra él, lo que les permite vivir con mayor equilibrio y bienestar. La clave está en la autocomprensión y la autoaceptación, reconociendo que los altibajos emocionales son una parte natural de la vida y que, con las herramientas adecuadas, se pueden manejar de manera efectiva.

Gerard Roussel

Autoestima Femenina

La autoestima es la forma en que nos valoramos y nos sentimos acerca de nosotros mismos, y para las mujeres, esta autovaloración puede ser un tema particularmente complejo. Desde una edad temprana, las mujeres se enfrentan a una avalancha de mensajes sobre cómo deben verse, comportarse y actuar, lo que puede influir profundamente en cómo se perciben a sí mismas. La autoestima femenina no solo está relacionada con la apariencia física, sino también con la confianza en sus habilidades, su capacidad para tomar decisiones, y su sentido de valor en el mundo.

Uno de los principales desafíos para la autoestima femenina es la presión social para cumplir con ciertos estándares de belleza. A menudo, las mujeres son bombardeadas con imágenes de cuerpos "perfectos" en los medios de comunicación, lo que puede llevar a comparaciones constantes y, en muchos casos, a una insatisfacción con su propia apariencia. Esta presión no se limita solo al cuerpo; también abarca cómo una mujer debe vestirse, hablar y comportarse. El problema con estos estándares es que son inalcanzables para la mayoría y pueden hacer que las mujeres se sientan inadecuadas o no lo suficientemente buenas.

Es fundamental que las mujeres aprendan a desafiar estas expectativas poco realistas y a desarrollar una imagen corporal positiva. La clave está en reconocer que cada cuerpo es único y que no hay una única forma de ser bella. Aceptar y amar el propio cuerpo tal como es, con sus imperfecciones y singularidades, es un paso crucial para construir una autoestima sólida. Esto no significa que una mujer no deba cuidarse o hacer cambios si lo desea, pero esos cambios deben venir desde un lugar de amor propio y no de un intento de cumplir con las expectativas de otros.

La autoestima femenina también está profundamente ligada a la autoconfianza, que es la creencia en la propia capacidad para enfrentar desafíos y tener éxito. A menudo, las mujeres pueden dudar de sí mismas y subestimar sus habilidades, especialmente en entornos donde se sienten juzgadas o comparadas con los demás. Esta falta de confianza puede ser debilitante, impidiendo que una mujer persiga sus metas o tome decisiones importantes. Es común que las mujeres se enfrenten al llamado "síndrome del impostor", donde sienten que no son lo suficientemente competentes o que no merecen sus logros, incluso cuando tienen pruebas claras de lo contrario.

Para superar estas dudas, es esencial que las mujeres reconozcan y celebren sus logros, por pequeños que sean. Cada victoria, ya sea personal o profesional, es un recordatorio de su capacidad y valía. También es útil que las mujeres se rodeen de personas que las apoyen y las animen, en lugar de aquellas que las critican o menosprecian. La retroalimentación positiva y el apoyo de amigos, familiares o mentores pueden ayudar a reforzar la autoconfianza y la autoestima, proporcionando un contrapeso a las dudas internas.

Otro aspecto importante de la autoestima femenina es la capacidad de establecer y mantener límites saludables. Las mujeres a menudo sienten la necesidad de complacer a los demás, ya sea en sus relaciones personales, en el trabajo o en la sociedad en general. Este deseo de complacer puede llevar a una autoexigencia excesiva y al sacrificio de sus propias necesidades y deseos. Sin embargo, aprender a decir "no" y a priorizar el propio bienestar es esencial para mantener una autoestima saludable. Establecer límites no es egoísta; es una forma de autocuidado que permite a las mujeres proteger su energía y enfocarse en lo que realmente es importante para ellas.

La autoestima también está influenciada por cómo una mujer maneja el fracaso y las críticas. Es natural cometer errores o no cumplir con las expectativas en algún momento, pero la forma en que se enfrenta a estos desafíos puede tener un impacto duradero en su autoestima. Las mujeres que tienen una autoestima fuerte tienden a ver los fracasos como oportunidades de aprendizaje en lugar de como una reflexión de su valía. Aprenden a aceptar las críticas constructivas sin dejar que afecten su sentido de sí mismas. Esto no significa ignorar las críticas, sino procesarlas de manera que puedan crecer y mejorar sin perder la confianza en quiénes son.

En la sociedad actual, donde las redes sociales juegan un papel tan importante, es fácil caer en la trampa de buscar la validación externa. Los "me gusta", los comentarios positivos y la aprobación de los demás pueden parecer un reflejo de la propia valía, pero basar la autoestima en la validación externa es peligroso. La verdadera autoestima debe venir desde dentro, basada en un sentido sólido de autovaloración que no dependa de lo que otros piensen o digan. Esto requiere que las mujeres se conozcan a sí mismas profundamente, que entiendan sus valores, fortalezas y debilidades, y que se acepten completamente, con todos sus defectos y virtudes.

El camino hacia una autoestima fuerte y saludable no es fácil, y puede estar lleno de altibajos. Sin embargo, es un viaje que vale la pena emprender, ya que una autoestima positiva es fundamental para vivir una vida plena y satisfactoria. Las mujeres que tienen una autoestima alta no solo son más felices, sino que también están mejor equipadas para enfrentar los desafíos de la vida, tomar decisiones importantes y construir relaciones sanas y significativas. Además, una autoestima sólida permite a las mujeres ser auténticas y vivir de acuerdo con sus propios valores, en lugar de tratar de cumplir con las expectativas de los demás.

Es importante recordar que la autoestima no es un estado estático; es algo que puede crecer y fortalecerse con el tiempo. Las mujeres pueden trabajar en su autoestima de muchas maneras, desde practicar el autocuidado y la autocompasión hasta desafiar los pensamientos negativos y rodearse de personas que las apoyen. También es útil que las mujeres busquen actividades y pasatiempos que les hagan sentir realizadas y satisfechas, ya que estos pueden ayudar a reforzar su sentido de valor y competencia.

En resumen, la autoestima femenina es un aspecto crucial del bienestar emocional y mental. Aunque muchas mujeres enfrentan desafíos en su camino hacia una autoestima saludable, es posible superar estos obstáculos y desarrollar un sentido sólido de autovaloración. Al aprender a amar y aceptar su propio cuerpo, celebrar sus logros, establecer límites saludables, manejar el fracaso de manera constructiva, y buscar la validación interna en lugar de externa, las mujeres pueden construir una autoestima fuerte que las empodere para vivir vidas plenas y auténticas. La autoestima no es solo una meta a alcanzar, sino un viaje continuo de autoconocimiento, crecimiento y amor propio.

La Mujer y las Relaciones Interpersonales

Las relaciones interpersonales son una parte vital de la vida de cualquier persona, pero para muchas mujeres, estas conexiones ocupan un lugar especial en su mundo emocional y social. Las relaciones con la familia, los amigos, las parejas, y los compañeros de trabajo son fundamentales para el bienestar de las mujeres, ya que a menudo encuentran en ellas una fuente de apoyo, amor, y validación. Sin embargo, las relaciones también pueden ser un desafío, ya que requieren tiempo, energía, y, en ocasiones, una gran dosis de paciencia y comprensión.

Desde una edad temprana, las mujeres tienden a desarrollar fuertes habilidades sociales y emocionales. Se les anima a ser empáticas, a cuidar de los demás, y a mantener la armonía en sus relaciones. Estas habilidades son invaluables en la creación y el mantenimiento de conexiones profundas y significativas, pero también pueden llevar a que las mujeres prioricen las necesidades de los demás sobre las suyas propias. Este enfoque en el cuidado y la atención hacia los demás es hermoso, pero también puede ser agotador si no se equilibra con el autocuidado y el establecimiento de límites saludables.

Una de las características más notables de las relaciones interpersonales femeninas es la importancia del apoyo emocional. Las mujeres suelen recurrir a sus amigas, hermanas, o madres para compartir sus sentimientos, desahogarse, y buscar consejo. Estas conversaciones no solo fortalecen los lazos entre ellas, sino que también proporcionan un espacio seguro para expresar emociones y resolver problemas. La habilidad para comunicarse abierta y sinceramente es una de las razones por las cuales las relaciones entre mujeres pueden ser tan profundas y duraderas. Sin embargo, este intercambio emocional también puede ser una espada de doble filo, ya que las mujeres pueden llegar a depender demasiado de estas relaciones para su bienestar emocional.

El equilibrio entre dar y recibir apoyo es clave en cualquier relación. A veces, las mujeres pueden sentirse obligadas a ser la "roca" en sus relaciones, siempre dispuestas a escuchar y a brindar ayuda, incluso cuando ellas mismas están pasando por momentos difíciles. Este papel de cuidadora puede ser gratificante, pero también puede llevar al agotamiento emocional si no se maneja adecuadamente. Es crucial que las mujeres aprendan a pedir ayuda cuando la necesitan y a permitir que los demás las cuiden de vez en cuando. El apoyo mutuo es esencial para mantener relaciones saludables y sostenibles a largo plazo.

Las relaciones románticas son otro aspecto central en la vida de muchas mujeres, y pueden ser tanto una fuente de gran felicidad como de estrés. La manera en que las mujeres abordan las relaciones románticas a menudo está influenciada por una combinación de factores culturales, familiares, y personales. Algunas mujeres pueden sentir presión para encontrar una pareja y establecerse, mientras que otras buscan una relación que les permita crecer y evolucionar como individuos. En ambos casos, es importante que las mujeres se sientan valoradas y respetadas en sus relaciones, y que estas conexiones les brinden más alegría que dolor.

En las relaciones románticas, la comunicación es fundamental. A veces, las mujeres pueden tener expectativas no expresadas o suponer que su pareja entiende sus necesidades sin que ellas tengan que decirlo. Sin embargo, para que una relación funcione bien, es necesario hablar abiertamente sobre lo que se desea y se espera. Esto no solo fortalece la relación, sino que también evita malentendidos y resentimientos a largo plazo. Las mujeres que pueden comunicar sus necesidades de manera clara y asertiva tienen más probabilidades de experimentar relaciones saludables y satisfactorias.

Los conflictos son una parte inevitable de cualquier relación, ya sea romántica, amistosa, o familiar. Cómo se manejen estos conflictos puede determinar la calidad y la duración de la relación. Muchas mujeres tienden a evitar el conflicto para mantener la paz, pero esta estrategia puede llevar a problemas más grandes en el futuro. En lugar de evitar el conflicto, es más útil abordarlo de manera constructiva, buscando soluciones que beneficien a ambas partes. Aprender a resolver desacuerdos de manera respetuosa y productiva es una habilidad valiosa que puede mejorar la calidad de todas las relaciones interpersonales.

Las relaciones familiares también juegan un papel importante en la vida de las mujeres. A menudo, las mujeres son las que mantienen el vínculo entre los miembros de la familia, organizando reuniones, cuidando a los padres mayores, y siendo el pegamento que mantiene a todos unidos. Aunque estas responsabilidades pueden ser gratificantes, también pueden ser una carga si no se comparten de manera equitativa. Es importante que las mujeres aprendan a delegar y a pedir ayuda cuando sea necesario, para no sentirse abrumadas por las demandas familiares.

En el lugar de trabajo, las relaciones interpersonales también son fundamentales. Las mujeres suelen formar redes de apoyo con colegas que pueden ser invaluables para el desarrollo profesional y el bienestar emocional. Sin embargo, el entorno laboral también puede ser un espacio donde las relaciones se complican, especialmente si hay competencia o conflicto. Aquí, la comunicación clara, el respeto mutuo, y la habilidad para manejar el estrés son esenciales para mantener relaciones laborales saludables. Además, es importante que las mujeres se sientan capacitadas para defender sus derechos y opiniones en el trabajo, sin temor a represalias o juicios.

El establecimiento de límites es un tema recurrente en todas las relaciones interpersonales. Las mujeres a menudo tienen la tendencia a querer estar ahí para todos, lo que puede llevar a una sobrecarga emocional y física. Aprender a decir "no" cuando es necesario, y a proteger el tiempo y la energía personales, es fundamental para mantener la salud mental y emocional. Esto no significa ser egoísta, sino reconocer que para poder cuidar de los demás, primero se debe cuidar de uno mismo.

Finalmente, es importante que las mujeres recuerden que no todas las relaciones son saludables o beneficiosas. A veces, es necesario alejarse de personas que son tóxicas o que no respetan los límites y las necesidades de una. Esto puede ser difícil, especialmente si se trata de una relación cercana, pero es crucial para el bienestar a largo plazo. Las mujeres merecen estar rodeadas de personas que las valoren, las respeten, y las apoyen en su crecimiento personal y emocional.

En resumen, las relaciones interpersonales son una parte esencial de la vida de las mujeres y pueden ser una fuente de gran alegría y satisfacción. Sin embargo, también requieren esfuerzo, comunicación, y la habilidad para manejar conflictos y establecer límites. Al aprender a equilibrar el dar y recibir apoyo, a comunicarse de manera efectiva, y a proteger su propio bienestar, las mujeres pueden construir relaciones saludables y significativas que enriquezcan sus vidas. Las conexiones que forman con los demás no solo les brindan compañía y amor, sino que también les ayudan a crecer como personas, fortaleciendo su autoestima y su sentido de propósito en el mundo.

El Papel de la Cultura en la Psicología Femenina

La cultura es una fuerza poderosa que influye en casi todos los aspectos de nuestras vidas, y para las mujeres, su impacto en la psicología es particularmente profundo. Desde la infancia, las mujeres son moldeadas por las normas, valores, y expectativas de la cultura en la que viven, lo que afecta su forma de pensar, sentir, y comportarse. Estas influencias culturales no solo definen lo que significa ser mujer en una sociedad, sino que también tienen un impacto en cómo las mujeres ven el mundo y a sí mismas. Entender cómo la cultura moldea la psicología femenina es crucial para comprender el desarrollo personal, las relaciones, y el bienestar emocional de las mujeres.

Cada cultura tiene sus propias ideas sobre lo que es apropiado o esperado para las mujeres. En muchas sociedades, a las niñas se les enseña desde muy jóvenes a ser amables, compasivas, y a cuidar de los demás. Estas cualidades son valoradas y fomentadas, mientras que otros comportamientos, como la asertividad o la independencia, pueden ser menos alentados o incluso desalentados. Como resultado, muchas mujeres crecen sintiendo que su valor está ligado a su capacidad para agradar a los demás o para cumplir con ciertos roles tradicionales, como ser madres o esposas.

Este proceso de socialización cultural no solo afecta el comportamiento externo, sino también el mundo interno de las mujeres. Las expectativas culturales pueden influir en cómo una mujer se siente acerca de sí misma, a menudo llevándola a internalizar ideas sobre lo que debería ser y cómo debería actuar. Por ejemplo, en culturas donde la apariencia física es altamente valorada, las mujeres pueden sentir una presión constante para verse de cierta manera, lo que puede afectar su autoestima y su bienestar emocional. De manera similar, en sociedades donde se espera que las mujeres sean sumisas o dependientes, aquellas que desean vivir de manera más independiente pueden enfrentar conflictos internos y externos al tratar de conciliar sus deseos personales con las expectativas culturales.

La influencia de la cultura en la psicología femenina también se manifiesta en la manera en que las mujeres manejan sus emociones y relaciones. En algunas culturas, se espera que las mujeres sean cuidadoras emocionales, siempre dispuestas a escuchar y apoyar a los demás, mientras que sus propias necesidades emocionales pueden ser pasadas por alto. Esta expectativa puede llevar a las mujeres a desarrollar un fuerte sentido de responsabilidad hacia los sentimientos de los demás, a menudo a expensas de su propio bienestar. Aprender a equilibrar esta expectativa cultural con el autocuidado es un desafío que muchas mujeres enfrentan a lo largo de sus vidas.

Además de las expectativas sobre el comportamiento y las emociones, la cultura también influye en las oportunidades que las mujeres tienen para crecer y desarrollarse. En muchas culturas, las mujeres han tenido menos acceso a la educación, el empleo, y otras oportunidades que los hombres, lo que ha limitado su capacidad para alcanzar su potencial completo. Aunque estas barreras están disminuyendo en muchas partes del mundo, los efectos de siglos de desigualdad aún se sienten, y muchas mujeres siguen enfrentando obstáculos para avanzar en sus carreras o alcanzar sus metas personales.

Es importante reconocer que la cultura no es monolítica; dentro de cada sociedad, existen subculturas y variaciones que pueden ofrecer diferentes modelos y expectativas para las mujeres. Por ejemplo, dentro de una misma comunidad, puede haber mujeres que se adhieren a roles tradicionales y otras que desafían esas normas, creando una diversidad de experiencias y perspectivas. Esta diversidad cultural puede ser una fuente de fortaleza y resiliencia para las mujeres, ofreciéndoles diferentes caminos y oportunidades para definir sus propias identidades.

La globalización también ha ampliado las influencias culturales en la psicología femenina, exponiendo a las mujeres a ideas y valores de diferentes partes del mundo. Esto puede ser tanto positivo como negativo.

Por un lado, las mujeres pueden encontrar inspiración y apoyo en movimientos globales por la igualdad de género y los derechos de las mujeres. Por otro lado, la exposición a culturas y estándares diferentes puede generar confusión o conflicto interno, especialmente si los valores de su cultura de origen difieren de los que se encuentran en otros lugares.

A lo largo de la historia, las mujeres han utilizado la cultura como una herramienta para la autoexpresión y el empoderamiento. El arte, la literatura, la música, y otras formas de expresión cultural han permitido a las mujeres compartir sus historias, explorar su identidad, y desafiar las normas establecidas. A través de estas expresiones culturales, las mujeres han podido encontrar su voz y reclamar su lugar en la sociedad, a menudo en formas que trascienden las limitaciones impuestas por su cultura.

A medida que la cultura evoluciona, también lo hace la psicología femenina. Los cambios en las normas y valores culturales pueden abrir nuevas posibilidades para las mujeres, permitiéndoles explorar diferentes roles y formas de vida que antes no estaban disponibles. Sin embargo, estos cambios también pueden generar tensiones, ya que las mujeres deben navegar entre las expectativas tradicionales y las nuevas oportunidades. Esta tensión puede ser una fuente de estrés, pero también de crecimiento personal, ya que las mujeres redefinen lo que significa ser mujer en su tiempo y lugar.

En resumen, la cultura juega un papel central en la formación de la psicología femenina. Las normas, valores, y expectativas culturales influyen en cómo las mujeres se ven a sí mismas, cómo manejan sus emociones y relaciones, y qué oportunidades tienen para crecer y desarrollarse. Aunque la cultura puede ser una fuente de presión y limitación, también puede ser una fuente de fortaleza y empoderamiento. Al entender cómo la cultura moldea su psicología, las mujeres pueden encontrar formas de vivir de manera más auténtica y plena, desafiando las expectativas limitantes y aprovechando las oportunidades que les ofrece su mundo. La clave está en reconocer la influencia cultural, reflexionar sobre ella, y decidir conscientemente cómo integrarla en sus vidas de manera que les permita florecer y ser verdaderamente ellas mismas.

El Miedo y la Ansiedad en la Mujer

El miedo y la ansiedad son emociones humanas naturales que todos experimentamos en algún momento de nuestras vidas. Sin embargo, para muchas mujeres, estas emociones pueden jugar un papel más prominente y persistente, afectando su bienestar emocional y su calidad de vida. Comprender cómo se manifiestan el miedo y la ansiedad en la vida de las mujeres, y cómo estas emociones están influenciadas por factores biológicos, psicológicos, y sociales, es fundamental para abordar estos desafíos y promover una salud mental más equilibrada.

El miedo es una respuesta instintiva que nos ayuda a protegernos del peligro. Cuando enfrentamos una amenaza, nuestro cuerpo activa el sistema de "lucha o huida", preparándonos para enfrentarnos al peligro o para escapar de él. Esta respuesta es esencial para nuestra supervivencia, pero en el mundo moderno, donde las amenazas no siempre son físicas, el miedo puede volverse desproporcionado o mal dirigido. Para las mujeres, ciertos miedos pueden ser particularmente comunes debido a las experiencias de vida y a las expectativas culturales. Por ejemplo, el miedo a la violencia, al acoso, o a la discriminación puede ser más pronunciado debido a la realidad de que estas amenazas son más frecuentes en la vida de las mujeres.

La ansiedad, por otro lado, es una respuesta más persistente que a menudo se manifiesta como preocupación constante, nerviosismo, o una sensación general de inquietud. Mientras que el miedo es una respuesta a una amenaza específica e inminente, la ansiedad es más difusa y puede estar relacionada con preocupaciones sobre el futuro o con la percepción de no tener control sobre las situaciones. Las mujeres tienden a experimentar ansiedad con mayor frecuencia que los hombres, y esto puede estar relacionado con una combinación de factores hormonales, sociales, y psicológicos.

Uno de los factores biológicos que influyen en la ansiedad femenina es el ciclo hormonal. Las fluctuaciones hormonales durante el ciclo menstrual, el embarazo, y la menopausia pueden afectar el estado de ánimo y aumentar la susceptibilidad a la ansiedad. Durante la menstruación, por ejemplo, los niveles de estrógeno y progesterona fluctúan, lo que puede provocar cambios en la química cerebral y aumentar la ansiedad. De manera similar, el embarazo y la menopausia son períodos de grandes cambios hormonales que pueden desencadenar o intensificar los sentimientos de ansiedad en algunas mujeres.

Además de los factores biológicos, las expectativas sociales y culturales también juegan un papel crucial en la forma en que las mujeres experimentan el miedo y la ansiedad. Desde una edad temprana, las mujeres a menudo son socializadas para ser cuidadosas, para evitar riesgos, y para preocuparse por la seguridad de los demás. Estas expectativas pueden llevar a que las mujeres internalicen una mayor sensación de vulnerabilidad o responsabilidad, lo que a su vez puede aumentar su predisposición a la ansiedad. Por ejemplo, las mujeres pueden sentir una presión constante por cumplir con múltiples roles, como ser buenas madres, esposas, hijas, y profesionales, lo que puede generar un estrés y una ansiedad considerables.

El miedo al fracaso o a no estar a la altura de las expectativas es otro factor que puede contribuir a la ansiedad en las mujeres. En una sociedad donde se espera que las mujeres sean exitosas en todas las áreas de su vida, desde su carrera hasta su vida personal, la presión para cumplir con estos ideales puede ser abrumadora. Esta presión puede llevar a un ciclo de preocupación y autocrítica, donde las mujeres se sienten constantemente ansiosas por no hacer lo suficiente o por no ser lo suficientemente buenas. Este tipo de ansiedad, que está ligada a la autoexigencia y al perfeccionismo, es común en muchas mujeres y puede afectar tanto su salud mental como su bienestar general.

El miedo y la ansiedad también pueden estar relacionados con experiencias pasadas de trauma o abuso. Las mujeres que han vivido situaciones traumáticas, como la violencia doméstica, el abuso sexual, o el acoso, pueden desarrollar una ansiedad crónica como resultado de estas experiencias. Este tipo de ansiedad, que a menudo se manifiesta en forma de trastorno de estrés postraumático (TEPT), puede ser debilitante y requerir tratamiento especializado. Es importante que las mujeres que han pasado por estas experiencias busquen apoyo y terapia, ya que el tratamiento adecuado puede ayudar a aliviar la ansiedad y mejorar su calidad de vida.

Afortunadamente, existen muchas estrategias efectivas para manejar el miedo y la ansiedad en la vida de las mujeres. Una de las más importantes es aprender a reconocer y desafiar los pensamientos ansiosos. A menudo, la ansiedad se alimenta de pensamientos catastróficos o de la tendencia a imaginar lo peor. Identificar estos pensamientos y reemplazarlos con pensamientos más realistas y equilibrados puede ayudar a reducir la ansiedad. También es útil practicar técnicas de relajación, como la respiración profunda, la meditación, o el yoga, que pueden calmar el sistema nervioso y disminuir la respuesta de ansiedad.

El autocuidado también juega un papel crucial en la gestión del miedo y la ansiedad. Para muchas mujeres, el simple acto de cuidar de sí mismas, ya sea a través de una alimentación saludable, el ejercicio regular, o el descanso adecuado, puede marcar una gran diferencia en su nivel de ansiedad. Además, es importante que las mujeres se den permiso para descansar y relajarse, especialmente en una cultura que valora la productividad constante. El tiempo dedicado a actividades placenteras y relajantes no es un lujo, sino una necesidad para mantener el equilibrio emocional.

La conexión social es otro factor clave en la reducción del miedo y la ansiedad. Hablar con amigos, familiares, o un terapeuta sobre lo que se está sintiendo puede aliviar la carga emocional y proporcionar una perspectiva externa que puede ser muy útil. Las mujeres tienden a ser buenas en la construcción de redes de apoyo, y aprovechar estas redes puede ser una forma poderosa de manejar la ansiedad. Compartir experiencias y escuchar a otras mujeres que enfrentan desafíos similares puede ayudar a normalizar los sentimientos de ansiedad y a encontrar soluciones prácticas.

En algunos casos, la ansiedad puede ser lo suficientemente grave como para requerir intervención médica. Los tratamientos como la terapia cognitivo-conductual (TCC) y los medicamentos ansiolíticos han demostrado ser efectivos para muchas mujeres que luchan con la ansiedad. La TCC, en particular, ayuda a las personas a identificar y cambiar los patrones de pensamiento negativos que contribuyen a la ansiedad, mientras que los medicamentos pueden ser útiles para controlar los síntomas a corto plazo. Es importante que las mujeres hablen con un profesional de la salud mental para determinar cuál es el mejor enfoque para su situación específica.

En resumen, el miedo y la ansiedad son emociones comunes que pueden tener un impacto significativo en la vida de las mujeres. Estas emociones están influenciadas por una combinación de factores biológicos, sociales, y psicológicos, y pueden manifestarse de diferentes maneras en diferentes momentos de la vida. Sin embargo, con las estrategias adecuadas y el apoyo necesario, es posible manejar el miedo y la ansiedad de manera efectiva, reduciendo su impacto y permitiendo a las mujeres vivir vidas más equilibradas y satisfactorias. Entender y abordar estas emociones es un paso crucial hacia una mejor salud mental y un mayor bienestar general.

La Mujer en el Trabajo

El lugar de trabajo ha sido un terreno de lucha y evolución constante para las mujeres. A lo largo de la historia, el papel de la mujer en el trabajo ha cambiado drásticamente, desde una época en la que las oportunidades eran limitadas y estaban mayormente restringidas al hogar, hasta el presente, donde las mujeres están presentes en casi todos los campos profesionales, desafiando estereotipos y rompiendo barreras. Sin embargo, a pesar de los avances, muchas mujeres continúan enfrentando desafíos únicos en el entorno laboral. Comprender estos desafíos, así como las fortalezas y estrategias que las mujeres emplean para superarlos, es esencial para promover la equidad y el éxito en el trabajo.

Una de las transformaciones más significativas en el papel de la mujer en el trabajo es la creciente participación femenina en la fuerza laboral. En décadas pasadas, a menudo se esperaba que las mujeres se dedicaran principalmente a las tareas domésticas y al cuidado de la familia, mientras que los hombres eran los principales proveedores económicos. Sin embargo, con los cambios sociales y económicos, cada vez más mujeres han ingresado al mundo laboral, buscando no solo independencia económica, sino también realización personal y profesional. Esta participación ha sido fundamental para el crecimiento económico y ha contribuido a redefinir lo que significa ser una mujer trabajadora en la sociedad moderna.

A pesar de estos avances, las mujeres en el trabajo aún enfrentan obstáculos significativos. Uno de los más persistentes es la brecha salarial de género. En muchos países, las mujeres todavía ganan menos que los hombres por realizar el mismo trabajo. Esta disparidad salarial no solo refleja una injusticia económica, sino que también es un indicador de las desigualdades de poder y valoración que aún existen en muchos entornos laborales. La lucha por la igualdad salarial es una de las principales demandas del movimiento feminista y un paso crucial hacia la equidad en el trabajo.

Otro desafío importante para las mujeres en el trabajo es el "techo de cristal". Este término se refiere a las barreras invisibles que impiden que las mujeres avancen a puestos de liderazgo y tomas de decisiones en sus carreras. Aunque muchas mujeres logran ingresar y destacarse en sus profesiones, a menudo encuentran que el ascenso a los niveles más altos de gestión es más difícil de alcanzar. Estas barreras pueden ser el resultado de prejuicios inconscientes, falta de redes de apoyo, o la expectativa de que las mujeres deben elegir entre la familia y la carrera. Como resultado, las mujeres están subrepresentadas en posiciones de liderazgo, lo que perpetúa la desigualdad de género en el lugar de trabajo.

El equilibrio entre la vida laboral y personal es otro aspecto crucial en la experiencia de la mujer en el trabajo. Muchas mujeres sienten la presión de cumplir con las expectativas tanto en su carrera como en su vida personal, lo que puede llevar a un desgaste emocional y físico significativo. La sociedad a menudo espera que las mujeres sean madres y cuidadoras, además de trabajadoras exitosas, lo que crea una doble carga. Aunque los hombres también enfrentan desafíos en este ámbito, la presión para equilibrar ambos mundos es particularmente intensa para las mujeres, lo que a veces puede llevar a sentimientos de culpa o insuficiencia.

Las políticas laborales que apoyan la conciliación de la vida laboral y familiar son fundamentales para ayudar a las mujeres a superar estos desafíos. Las licencias por maternidad y paternidad, el trabajo flexible, y las guarderías accesibles son ejemplos de medidas que pueden hacer una gran diferencia. En los lugares de trabajo donde se implementan estas políticas, las mujeres tienen más oportunidades de avanzar en sus carreras sin tener que sacrificar su vida personal. Además, estas políticas no solo benefician a las mujeres, sino que también promueven un ambiente de trabajo más equitativo y justo para todos los empleados.

Además de los desafíos estructurales, las mujeres en el trabajo también enfrentan barreras culturales y psicológicas. Las normas de género y los estereotipos a menudo influyen en la forma en que se percibe a las mujeres en el trabajo. Por ejemplo, las mujeres que son asertivas y ambiciosas pueden ser vistas negativamente, mientras que esos mismos comportamientos en los hombres son valorados como señales de liderazgo. Este "doble rasero" puede hacer que las mujeres duden en expresar sus opiniones o en aspirar a posiciones de liderazgo, por temor a ser juzgadas o marginadas.

Para contrarrestar estos desafíos, muchas mujeres han desarrollado habilidades y estrategias que les permiten navegar en el entorno laboral con éxito. La creación de redes de apoyo es una de las herramientas más poderosas a disposición de las mujeres en el trabajo. Las redes de mentoría, tanto formales como informales, pueden proporcionar orientación, apoyo, y oportunidades de desarrollo profesional. Las mujeres que se apoyan mutuamente y que forman alianzas en el lugar de trabajo pueden desafiar colectivamente las barreras que enfrentan, promoviendo un ambiente de trabajo más inclusivo y equitativo.

La resiliencia es otra característica clave que muchas mujeres han desarrollado en respuesta a los desafíos laborales. La capacidad de recuperarse de los contratiempos, aprender de las experiencias, y continuar avanzando es esencial para el éxito en cualquier carrera. Las mujeres que han superado obstáculos significativos a menudo demuestran una gran fortaleza y determinación, que no solo les permite avanzar en sus propias carreras, sino que también inspira a otras a seguir adelante.

Además, la diversidad y la inclusión son cada vez más reconocidas como factores cruciales para el éxito organizacional. Las empresas que valoran la diversidad de género y que promueven la inclusión tienden a ser más innovadoras, competitivas y exitosas. Las mujeres aportan diferentes perspectivas, habilidades, y enfoques al lugar de trabajo, lo que puede enriquecer la toma de decisiones y mejorar el rendimiento organizacional. Por esta razón, muchas organizaciones están implementando iniciativas para promover la igualdad de género, reducir la brecha salarial, y apoyar el desarrollo profesional de las mujeres.

En resumen, la experiencia de la mujer en el trabajo es compleja y multifacética. Aunque se han logrado avances significativos en la igualdad de género en el lugar de trabajo, todavía quedan desafíos importantes por abordar. Las mujeres continúan enfrentando barreras como la brecha salarial, el techo de cristal, y la presión para equilibrar la vida laboral y personal. Sin embargo, a través de la resiliencia, el apoyo mutuo, y la promoción de políticas inclusivas, las mujeres están transformando el entorno laboral y abriendo camino para las futuras generaciones. El éxito de las mujeres en el trabajo no solo beneficia a ellas mismas, sino que también enriquece a las organizaciones y a la sociedad en su conjunto, promoviendo un futuro más justo y equitativo para todos.

Maternidad

La maternidad es una experiencia transformadora que toca todos los aspectos de la vida de una mujer. Es un viaje lleno de emociones intensas, responsabilidades profundas, y cambios significativos tanto en el cuerpo como en la mente. Aunque la maternidad es una de las experiencias más naturales y universales, también es una de las más complejas y desafiantes. Para muchas mujeres, convertirse en madre no solo significa cuidar de un hijo, sino también redefinirse a sí mismas, encontrar un nuevo equilibrio en la vida, y enfrentarse a expectativas tanto internas como externas que pueden ser abrumadoras.

El comienzo de la maternidad, para muchas mujeres, está marcado por el embarazo, un período de cambios físicos y emocionales profundos. Durante estos meses, el cuerpo de la mujer se adapta para nutrir y proteger al bebé en desarrollo. Estos cambios pueden ser emocionantes y asombrosos, pero también pueden ser desafiantes. Las hormonas que circulan por el cuerpo no solo afectan el físico, sino también el estado de ánimo, lo que puede llevar a sentimientos de alegría, ansiedad, o incluso tristeza. La anticipación de la llegada del bebé trae consigo un torrente de emociones, desde la alegría y la emoción hasta el miedo y la incertidumbre.

Uno de los aspectos más poderosos de la maternidad es el vínculo emocional que se forma entre la madre y su hijo. Este vínculo comienza durante el embarazo y se fortalece con el nacimiento y el cuidado diario del bebé. Es una conexión que está profundamente arraigada en la biología, pero también en la experiencia emocional. Muchas mujeres describen este vínculo como un amor incondicional, una sensación de protección y entrega total que nunca antes habían experimentado. Sin embargo, el proceso de formar este vínculo puede ser diferente para cada mujer, y no siempre sucede de inmediato. Algunas madres se sienten conectadas a su bebé desde el primer momento, mientras que otras necesitan tiempo para adaptarse a su nuevo rol y establecer esa conexión.

La maternidad también trae consigo un sentido de responsabilidad que puede ser abrumador. De repente, una mujer se encuentra en la posición de ser la principal cuidadora de un ser completamente dependiente. Este sentido de responsabilidad puede llenar a las madres de un deseo intenso de hacer todo lo posible para garantizar el bienestar de su hijo. Sin embargo, también puede generar ansiedad y presión. La preocupación por hacer lo correcto, por tomar las decisiones correctas y por proteger al bebé de cualquier daño puede convertirse en una fuente constante de estrés. Para muchas madres, la maternidad implica un delicado equilibrio entre el instinto de proteger y la necesidad de permitir que su hijo explore y crezca por sí mismo.

Uno de los desafíos más grandes que enfrentan las mujeres en la maternidad es la lucha por encontrar un equilibrio entre ser madre y mantener su identidad individual. La maternidad requiere una dedicación inmensa, pero eso no significa que una mujer deba perderse a sí misma en el proceso. Muchas mujeres luchan con sentimientos de culpa cuando intentan equilibrar el cuidado de sus hijos con la atención a sus propias necesidades, intereses, y carreras. Sin embargo, es importante recordar que el autocuidado y la autoexpresión no solo son vitales para el bienestar de la madre, sino que también benefician al niño. Una madre que se siente realizada y equilibrada es mejor capaz de cuidar de su hijo y de enseñarle el valor del equilibrio en la vida.

La sociedad también juega un papel importante en la experiencia de la maternidad. Las expectativas culturales y sociales pueden influir fuertemente en cómo una mujer se siente y se ve a sí misma como madre. A menudo, se espera que las madres sean perfectas, que siempre estén disponibles, que sean pacientes y amorosas en todo momento. Estas expectativas pueden ser una carga pesada, especialmente en una era donde las imágenes idealizadas de la maternidad están en todas partes, desde las redes sociales hasta la publicidad. Las madres pueden sentirse presionadas para cumplir con un ideal inalcanzable, lo que puede llevar a la frustración, la culpa, y la sensación de no ser lo suficientemente buenas.

Otro aspecto importante de la maternidad es el apoyo social. La maternidad puede ser una experiencia aislante si una mujer no cuenta con el apoyo adecuado. Las redes de apoyo, ya sean familiares, amigos, o grupos de madres, son esenciales para ayudar a las mujeres a navegar por los desafíos de la maternidad. Compartir experiencias, pedir consejos, y simplemente tener a alguien con quien hablar puede hacer una gran diferencia en cómo una madre se siente y maneja su nueva vida. Además, el apoyo de la pareja es crucial. La crianza compartida no solo alivia la carga para la madre, sino que también fortalece el vínculo familiar y promueve un ambiente más equilibrado y armonioso para el niño.

La maternidad también puede ser un tiempo de crecimiento personal y desarrollo. Muchas mujeres descubren nuevas fortalezas y habilidades en sí mismas que nunca antes habían conocido. La paciencia, la empatía, la capacidad de amar incondicionalmente, y la habilidad de manejar múltiples responsabilidades a la vez son solo algunas de las cualidades que la maternidad puede desarrollar. Este crecimiento personal no solo enriquece la vida de la madre, sino que también le proporciona herramientas valiosas para enfrentar otros aspectos de la vida.

Sin embargo, es importante reconocer que la maternidad no es siempre una experiencia fácil o placentera. Algunas mujeres enfrentan desafíos significativos, como la depresión posparto, que puede hacer que la transición a la maternidad sea especialmente difícil. La depresión posparto es una condición seria que afecta a muchas mujeres y que a menudo se caracteriza por sentimientos de tristeza profunda, fatiga extrema, y dificultad para conectarse con el bebé. Es crucial que las mujeres que experimentan estos síntomas busquen ayuda, ya que la depresión posparto es tratable y el apoyo adecuado puede marcar una gran diferencia en la recuperación.

En resumen, la maternidad es una experiencia rica y multifacética que transforma profundamente la vida de una mujer. Es un viaje lleno de amor, responsabilidad, desafíos y crecimiento. Si bien cada mujer vive la maternidad de manera única, hay elementos comunes que todas comparten, desde el vínculo emocional con su hijo hasta las presiones y expectativas que enfrentan. Entender y apoyar a las mujeres en su viaje como madres es esencial no solo para su bienestar, sino también para el bienestar de las futuras generaciones. La maternidad es una de las experiencias más poderosas y significativas que una mujer puede vivir, y merece ser celebrada y respetada en toda su complejidad.

Gerard Roussel

Autoimagen y Percepción Corporal

La autoimagen y la percepción corporal son temas profundamente arraigados en la vida de una mujer. Desde una edad temprana, las mujeres son bombardeadas con mensajes sobre cómo deberían verse, qué es considerado bello, y cómo sus cuerpos deberían encajar en ciertos estándares sociales. Estos mensajes pueden venir de la familia, los amigos, los medios de comunicación y, cada vez más, de las redes sociales. A medida que las mujeres crecen, estos estándares a menudo se interiorizan, moldeando cómo se ven a sí mismas y cómo perciben sus cuerpos. La autoimagen y la percepción corporal pueden influir en casi todos los aspectos de la vida de una mujer, desde su autoestima hasta sus relaciones, y es crucial entender cómo se desarrollan y cómo se pueden transformar.

La autoimagen es la forma en que una mujer se ve a sí misma, tanto física como emocionalmente. Está influenciada por una combinación de factores internos y externos, que incluyen experiencias personales, relaciones, y las normas culturales. La percepción corporal, por otro lado, se refiere específicamente a cómo una mujer ve y siente su cuerpo. Esto incluye su tamaño, forma, peso y características físicas como el cabello, la piel y los rasgos faciales. Para muchas mujeres, la autoimagen y la percepción corporal están intrínsecamente entrelazadas. Cuando una mujer tiene una autoimagen positiva, tiende a sentirse bien acerca de su cuerpo y viceversa. Sin embargo, si una mujer tiene una percepción negativa de su cuerpo, es probable que eso afecte su autoimagen general.

Uno de los factores más poderosos que influye en la autoimagen y la percepción corporal es la comparación social. Las mujeres a menudo se comparan con otras, ya sea con amigas, celebridades, o incluso con imágenes idealizadas que ven en la publicidad. Esta comparación puede ser devastadora, ya que a menudo se basa en ideales inalcanzables y poco realistas. Las imágenes de cuerpos perfectos que se ven en los medios de comunicación a menudo están retocadas y no representan la realidad. Sin embargo, muchas mujeres sienten la presión de alcanzar estos ideales, lo que puede llevar a la insatisfacción corporal y a una baja autoestima. Es fácil caer en la trampa de pensar que para ser valorada o querida, una mujer debe tener un cuerpo que se ajuste a ciertos estándares, pero esta mentalidad es destructiva y falsa.

El impacto de una percepción corporal negativa puede ser profundo. Las mujeres que no están contentas con sus cuerpos pueden experimentar una variedad de emociones negativas, como vergüenza, ansiedad, y tristeza. Estas emociones pueden llevar a comportamientos poco saludables, como dietas extremas, ejercicio excesivo, o incluso trastornos alimentarios. Además, la insatisfacción corporal puede afectar la confianza de una mujer en su vida diaria. Puede sentirse menos segura en situaciones sociales, evitar ciertas actividades, o incluso rechazar oportunidades profesionales porque no se siente cómoda con su apariencia. En resumen, la percepción corporal negativa puede limitar gravemente el potencial de una mujer y su capacidad para disfrutar de la vida.

Sin embargo, es importante reconocer que la percepción corporal no es fija. Las mujeres pueden trabajar para cambiar la forma en que se ven a sí mismas y a sus cuerpos. Esto no es un proceso fácil ni rápido, pero es posible. Un enfoque clave es aprender a desafiar los pensamientos negativos y las creencias irracionales sobre el cuerpo. En lugar de centrarse en lo que perciben como defectos, las mujeres pueden aprender a apreciar sus cuerpos por lo que son y lo que pueden hacer. Esto incluye reconocer que todos los cuerpos son diferentes y que no existe un cuerpo perfecto. La belleza viene en todas las formas, tamaños y colores, y cada mujer tiene algo único y valioso que ofrecer.

Otra estrategia importante para mejorar la percepción corporal es practicar el autocuidado y la aceptación. El autocuidado significa tratar el cuerpo con respeto y cuidado, lo que incluye una alimentación saludable, ejercicio regular, y descanso adecuado. También significa tratarse a sí misma con amabilidad y compasión, en lugar de criticarse constantemente. La aceptación, por otro lado, implica reconocer que el cuerpo cambia con el tiempo y que esos cambios son una parte natural de la vida. Esto puede ser especialmente desafiante en una cultura que valora la juventud y la delgadez, pero aprender a aceptar el cuerpo tal como es puede liberar a las mujeres de la presión de cumplir con estándares imposibles.

El papel de la comunidad y el apoyo social también es crucial en la formación de una percepción corporal saludable. Las mujeres que se rodean de personas que las apoyan y las valoran por quienes son, más que por cómo se ven, tienden a tener una mejor percepción corporal. Las amistades y las relaciones familiares que fomentan la aceptación y el amor propio son fundamentales. Además, participar en comunidades que promueven la diversidad corporal y la inclusión puede ayudar a las mujeres a ver la belleza en todas sus formas y a sentir menos presión por conformarse a un ideal único.

Las redes sociales, aunque a menudo son un factor que contribuye a la insatisfacción corporal, también pueden ser una herramienta positiva si se usan de manera consciente. Al seguir cuentas y personas que promueven mensajes positivos sobre el cuerpo, y al alejarse de aquellas que fomentan comparaciones poco realistas, las mujeres pueden crear un entorno digital que apoye una autoimagen saludable. Además, ser consciente de cómo uno usa las redes sociales y limitar el tiempo que se pasa comparándose con otros puede hacer una gran diferencia en cómo se siente una mujer con su cuerpo.

La autoimagen y la percepción corporal también están influenciadas por la etapa de vida en la que se encuentra una mujer. Durante la adolescencia, cuando el cuerpo cambia rápidamente, muchas jóvenes luchan por adaptarse a su nueva apariencia. La presión para encajar y ser aceptada por los pares puede ser intensa, lo que puede afectar gravemente la percepción corporal. En la adultez, las mujeres pueden enfrentar nuevos desafíos, como los cambios corporales relacionados con el embarazo, el envejecimiento, o la menopausia. Cada una de estas etapas trae consigo desafíos únicos, pero también oportunidades para aprender a amar y aceptar el cuerpo de nuevas maneras.

Es importante recordar que la autoimagen y la percepción corporal no solo afectan a las mujeres individualmente, sino que también tienen un impacto en la sociedad en su conjunto. Cuando las mujeres se sienten seguras y satisfechas con sus cuerpos, están mejor equipadas para participar plenamente en la vida, asumir riesgos, y perseguir sus metas. Una sociedad en la que las mujeres se sienten valoradas por quiénes son en lugar de por cómo se ven es una sociedad más justa y equitativa. Promover una percepción corporal positiva no es solo una cuestión de bienestar personal, sino también de justicia social.

En última instancia, la autoimagen y la percepción corporal son aspectos esenciales del bienestar general de una mujer. Aprender a aceptar y amar el cuerpo tal como es puede ser un desafío, pero es un paso crucial hacia una vida más plena y feliz. Al desafiar los ideales de belleza poco realistas, practicar el autocuidado, y rodearse de una comunidad de apoyo, las mujeres pueden transformar su percepción corporal y desarrollar una autoimagen que refleje su verdadero valor. La belleza real no está en cumplir con un estándar externo, sino en la confianza, la fuerza y la autenticidad que emanan de una mujer que se siente bien consigo misma.

La Mujer y la Sexualidad

La sexualidad es una parte fundamental de la identidad de una mujer, que influye profundamente en cómo se siente consigo misma, cómo se relaciona con los demás, y cómo experimenta la vida. Sin embargo, a pesar de su importancia, la sexualidad femenina ha sido durante mucho tiempo un tema rodeado de tabúes, malentendidos, y expectativas culturales que pueden hacer que las mujeres se sientan confundidas o incluso reprimidas en cuanto a su propio deseo y placer. Hablar abiertamente sobre la sexualidad femenina es esencial para que las mujeres puedan comprenderse mejor, sentirse empoderadas en sus relaciones y disfrutar de una vida sexual plena y saludable.

La sexualidad femenina es mucho más que la mera función biológica. Implica una combinación de factores físicos, emocionales, psicológicos y sociales. Desde una perspectiva biológica, la sexualidad está relacionada con el deseo sexual, la excitación, y la respuesta fisiológica del cuerpo. Sin embargo, la experiencia de la sexualidad es única para cada mujer y está influenciada por su historia personal, sus creencias, sus experiencias pasadas, y las normas culturales y sociales que la rodean. A menudo, la sexualidad se entrelaza con la autoestima y la autoimagen; cómo una mujer se siente con respecto a su cuerpo puede afectar profundamente su disposición y capacidad para disfrutar del sexo.

Uno de los aspectos más importantes de la sexualidad femenina es el derecho a experimentar y disfrutar del placer. Durante mucho tiempo, la sociedad ha promovido la idea de que el placer sexual es algo secundario para las mujeres, o que su sexualidad debe estar al servicio de la satisfacción de sus parejas. Sin embargo, el placer es una parte natural y saludable de la vida sexual de una mujer. El derecho al placer incluye no solo la capacidad de disfrutar del sexo, sino también la libertad de explorar su propia sexualidad sin vergüenza o culpa. Esto implica que las mujeres tienen el derecho de conocer sus cuerpos, de expresar sus deseos, y de buscar el placer de manera que se sientan cómodas y respetadas.

La educación sexual es un componente crucial para que las mujeres comprendan y se sientan cómodas con su sexualidad. Sin una educación adecuada, muchas mujeres crecen con ideas erróneas o incompletas sobre el sexo, lo que puede llevar a confusión o miedo. La educación sexual debe abarcar no solo la biología del cuerpo, sino también aspectos como el consentimiento, la comunicación en las relaciones sexuales, y la importancia del placer. Además, es importante que la educación sexual incluya una perspectiva positiva y respetuosa de la sexualidad, que ayude a las mujeres a sentirse empoderadas en lugar de avergonzadas.

La comunicación es otro pilar esencial en la sexualidad femenina. Para muchas mujeres, hablar abiertamente sobre sus deseos y necesidades sexuales puede ser difícil, ya sea por vergüenza, miedo al rechazo, o simplemente porque no han sido educadas para hacerlo. Sin embargo, la comunicación es clave para una vida sexual satisfactoria. Las mujeres deben sentirse seguras para expresar lo que les gusta, lo que no les gusta, y lo que necesitan en una relación sexual. Esta comunicación no solo mejora la calidad del sexo, sino que también fortalece la intimidad y la confianza en la relación.

Las relaciones sexuales están influenciadas por una serie de factores emocionales y psicológicos. La autoestima, por ejemplo, juega un papel crucial en cómo una mujer se siente durante el sexo. Si una mujer se siente segura de sí misma y de su cuerpo, es más probable que disfrute del sexo y se sienta cómoda explorando su sexualidad. Por el contrario, si una mujer lucha con una baja autoestima o tiene una percepción negativa de su cuerpo, puede sentirse inhibida o menos dispuesta a participar en actividades sexuales. Es por eso que trabajar en la autoestima y la autoaceptación es tan importante para una vida sexual saludable.

Las experiencias pasadas también pueden tener un gran impacto en la sexualidad de una mujer. Las mujeres que han tenido experiencias negativas, como abuso sexual o relaciones tóxicas, pueden encontrar que estas experiencias afectan su capacidad para disfrutar del sexo o confiar en una pareja. Es fundamental que estas mujeres reciban el apoyo adecuado para sanar y recuperar su sexualidad de una manera que sea saludable y empoderadora. La terapia, el apoyo de seres queridos, y la educación sexual positiva pueden ser herramientas valiosas para superar estos desafíos.

La cultura y la sociedad también desempeñan un papel significativo en la sexualidad femenina. Las expectativas culturales sobre cómo "debería" comportarse una mujer en el ámbito sexual pueden influir en cómo una mujer se siente con respecto a su sexualidad. En muchas culturas, las mujeres enfrentan una doble presión: por un lado, se les dice que deben ser reservadas y modestas, mientras que por otro lado, se les exige que sean atractivas y sexualmente disponibles. Estas expectativas contradictorias pueden generar confusión y estrés, y pueden dificultar que las mujeres se sientan libres para explorar y disfrutar de su sexualidad en sus propios términos.

Además, la sexualidad femenina no es estática; cambia a lo largo de la vida. A medida que una mujer pasa por diferentes etapas, como la adolescencia, la adultez joven, el embarazo, la maternidad, y la menopausia, su sexualidad también evoluciona. Estos cambios son naturales y reflejan la naturaleza dinámica de la vida sexual de una mujer. Es importante que las mujeres se sientan cómodas con estos cambios y entiendan que cada etapa trae consigo nuevas experiencias y oportunidades para el crecimiento sexual.

Uno de los desafíos que muchas mujeres enfrentan en su sexualidad es el mito de que deben cumplir con ciertos estándares de desempeño o apariencia para ser deseables o disfrutar del sexo. Estos mitos pueden ser dañinos y generar una presión innecesaria, llevando a una desconexión con su propio deseo y placer. Es crucial que las mujeres se liberen de estas expectativas y comprendan que la sexualidad es una experiencia personal y única, que no necesita ajustarse a ningún estándar externo. El verdadero placer sexual proviene de estar presente en el momento, de estar en sintonía con el propio cuerpo y de disfrutar de la conexión íntima con una pareja.

El consentimiento es otro aspecto fundamental de la sexualidad femenina. El consentimiento significa que todas las partes involucradas en una relación sexual deben estar de acuerdo de manera clara y entusiasta en participar en la actividad sexual. El consentimiento no es solo una cuestión de decir "sí" o "no"; también implica una comunicación continua y el respeto por los límites de cada persona. El consentimiento asegura que todas las experiencias sexuales sean seguras, respetuosas y placenteras para todas las partes involucradas. Enseñar y practicar el consentimiento es crucial para que las mujeres se sientan seguras y empoderadas en su vida sexual.

En última instancia, la sexualidad femenina es una parte esencial de lo que significa ser mujer. Es una fuente de placer, de conexión, y de poder personal. Para muchas mujeres, abrazar su sexualidad es un camino hacia una mayor autocomprensión y autoaceptación. Sin embargo, para lograr una sexualidad saludable y satisfactoria, es necesario romper con los mitos y tabúes que han rodeado a la sexualidad femenina durante tanto tiempo. Al hablar abiertamente sobre el sexo, al educarse y al comunicarse con sus parejas, las mujeres pueden reclamar su sexualidad como una parte natural y hermosa de quienes son. La sexualidad femenina no es algo que deba ser temido o reprimido; es una fuente de fuerza, alegría y conexión que merece ser celebrada y respetada en toda su complejidad y diversidad.

Resiliencia Femenina

La resiliencia femenina es la capacidad de las mujeres para enfrentar, superar y crecer a partir de las adversidades y desafíos que encuentran en la vida. A lo largo de la historia, las mujeres han demostrado una notable capacidad para adaptarse a circunstancias difíciles, encontrar fuerzas en momentos de debilidad y salir adelante a pesar de los obstáculos. La resiliencia no es solo una característica innata, sino una habilidad que puede ser cultivada y fortalecida con el tiempo. Entender y desarrollar la resiliencia es esencial para que las mujeres puedan navegar por las dificultades de la vida y encontrar satisfacción personal.

La resiliencia femenina no es un concepto abstracto; se manifiesta en la vida cotidiana de las mujeres. Puede verse en la madre soltera que, a pesar de las dificultades económicas, logra criar a sus hijos con amor y dedicación. Se encuentra en la mujer que, después de una enfermedad grave, encuentra el coraje para volver a empezar y reconstruir su vida. También está presente en la mujer que, enfrentada a la discriminación o al acoso en el lugar de trabajo, sigue adelante con determinación, luchando por su lugar y su voz. Estos ejemplos son solo una pequeña muestra de cómo la resiliencia se expresa en la vida de millones de mujeres en todo el mundo.

Un componente clave de la resiliencia es la capacidad de adaptarse al cambio. La vida está llena de transiciones, algunas deseadas y otras impuestas por circunstancias fuera de nuestro control. Las mujeres a menudo enfrentan cambios significativos en sus vidas, como el inicio de una carrera, la maternidad, el cuidado de familiares enfermos, o la pérdida de un ser querido. Cada uno de estos cambios requiere una adaptación, y la resiliencia permite a las mujeres encontrar nuevas formas de vivir y prosperar, incluso en medio de la incertidumbre. Adaptarse no significa simplemente aceptar lo que viene, sino encontrar maneras de prosperar en nuevas circunstancias.

Otro aspecto importante de la resiliencia es la capacidad de mantener una perspectiva positiva incluso en situaciones difíciles. Esto no significa ignorar el dolor o la dificultad, sino encontrar el valor para ver más allá de ellos y buscar oportunidades de crecimiento. Las mujeres resilientes tienden a enfocarse en lo que pueden controlar en lugar de obsesionarse con lo que no pueden. También buscan significados y lecciones en las experiencias difíciles, utilizando esas lecciones para fortalecerse y avanzar. Esta perspectiva positiva puede ser una fuente poderosa de motivación y energía, ayudando a las mujeres a seguir adelante cuando las cosas se ponen difíciles.

El apoyo social es un factor crucial en la resiliencia femenina. Las relaciones con amigos, familiares y compañeros pueden proporcionar un sustento emocional invaluable durante tiempos difíciles. Cuando las mujeres enfrentan desafíos, contar con una red de apoyo puede marcar la diferencia entre sentirse abrumada y encontrar la fuerza para seguir adelante. Este apoyo no solo ofrece consuelo, sino que también puede brindar perspectivas y soluciones nuevas a los problemas. Las mujeres resilientes no temen pedir ayuda cuando la necesitan, reconociendo que la fortaleza también se encuentra en la capacidad de aceptar el apoyo de los demás.

La resiliencia también implica la capacidad de aprender y crecer a partir de la adversidad. Las mujeres resilientes no solo sobreviven a las dificultades, sino que a menudo emergen de ellas más fuertes y sabias. Ven las experiencias difíciles como oportunidades para aprender más sobre sí mismas, desarrollar nuevas habilidades y fortalecer su carácter. Esta mentalidad de crecimiento permite a las mujeres transformar las dificultades en catalizadores para el cambio positivo. En lugar de ser definidas por sus desafíos, las mujeres resilientes se definen por cómo responden a ellos y cómo utilizan esas experiencias para mejorar su vida.

El autocuidado es otro componente esencial de la resiliencia. Para poder enfrentar los desafíos de la vida, las mujeres necesitan cuidar de su bienestar físico, emocional y mental. Esto incluye asegurarse de que están recibiendo suficiente descanso, alimentándose de manera adecuada, y encontrando tiempo para actividades que las rejuvenezcan y les traigan alegría. El autocuidado no es un lujo; es una necesidad fundamental que permite a las mujeres mantener la fortaleza y la energía necesarias para enfrentar las adversidades. Además, el autocuidado incluye la práctica de la autocompasión, tratándose a sí mismas con amabilidad y comprensión, especialmente en tiempos de dificultad.

La resiliencia femenina también está profundamente conectada con la autodeterminación. Las mujeres que son resilientes tienden a tener un fuerte sentido de propósito y dirección en la vida. Saben lo que quieren y están dispuestas a trabajar por ello, incluso cuando enfrentan obstáculos. Esta autodeterminación les da la energía y la persistencia necesarias para seguir adelante, incluso cuando los tiempos son difíciles. La resiliencia no significa nunca caer; significa tener la fuerza y la determinación para levantarse una y otra vez, sin importar cuántas veces la vida te derribe.

Además, la resiliencia femenina se ve reforzada por la capacidad de las mujeres para encontrar y nutrir la esperanza. La esperanza no es solo un sentimiento, sino una fuerza poderosa que impulsa a las mujeres a seguir luchando, incluso en las situaciones más desesperadas. La esperanza permite a las mujeres ver un futuro mejor, incluso cuando el presente es sombrío, y les da la motivación para seguir adelante. Las mujeres resilientes mantienen viva la esperanza, sabiendo que, aunque el camino pueda ser difícil, siempre hay una posibilidad de mejora y crecimiento.

La resiliencia también implica la capacidad de perdonar y soltar. A veces, las mujeres enfrentan heridas profundas, ya sea por traiciones personales, injusticias o pérdidas dolorosas. La resiliencia no exige olvidar lo que ha sucedido, pero sí invita a las mujeres a liberar el peso del resentimiento y la ira para poder avanzar. El perdón, tanto hacia los demás como hacia una misma, es un acto poderoso que permite a las mujeres sanar y liberarse de las cadenas emocionales que pueden impedir su crecimiento.

Finalmente, es importante reconocer que la resiliencia femenina no es un estado permanente ni un rasgo fijo. Es una capacidad dinámica que puede fortalecerse con el tiempo y la experiencia. Cada desafío enfrentado y superado añade una nueva capa de fortaleza, permitiendo a las mujeres enfrentar futuros desafíos con mayor confianza y habilidad. La resiliencia es un proceso continuo de aprendizaje, adaptación y crecimiento que acompaña a las mujeres a lo largo de toda su vida.

En conclusión, la resiliencia femenina es una fuerza poderosa que permite a las mujeres enfrentar las adversidades de la vida con coraje, sabiduría y gracia. No se trata de ser invulnerable, sino de encontrar dentro de sí mismas la fuerza para levantarse después de cada caída, aprender de cada experiencia y seguir adelante con determinación. La resiliencia es el reflejo de la capacidad innata de las mujeres para adaptarse, crecer y prosperar, incluso en los momentos más oscuros. Al cultivar esta resiliencia, las mujeres no solo se fortalecen a sí mismas, sino que también inspiran a las que las rodean, demostrando que, a pesar de los desafíos, siempre hay un camino hacia la superación y el éxito.

El Autocuidado como Herramienta Psicológica

El autocuidado es una herramienta psicológica esencial que permite a las mujeres mantener su bienestar físico, emocional y mental. Aunque a veces se le asocia con actos superficiales como darse un baño relajante o comprar algo bonito, el autocuidado va mucho más allá de esos gestos. Es una práctica continua de cuidar de uno mismo de manera integral, atendiendo a las necesidades más profundas del cuerpo y la mente. En un mundo donde las demandas y expectativas son cada vez mayores, el autocuidado se convierte en un acto fundamental para preservar la salud mental y emocional.

En su esencia, el autocuidado implica tomar decisiones conscientes para proteger y mejorar el bienestar personal. Esto puede significar establecer límites claros, priorizar el descanso, mantener una alimentación saludable, o encontrar tiempo para actividades que traigan alegría y satisfacción. El autocuidado no es un lujo ni un acto egoísta; es una necesidad vital que permite a las mujeres estar en su mejor estado, tanto para ellas mismas como para quienes las rodean. Cuando una mujer se cuida, no solo está invirtiendo en su bienestar, sino que también está construyendo la base sobre la cual puede enfrentar los desafíos de la vida con mayor fortaleza y resiliencia.

Uno de los aspectos más importantes del autocuidado es la gestión del estrés. En la vida moderna, el estrés es una realidad inevitable, pero cómo se maneja ese estrés puede marcar una gran diferencia en la salud mental y emocional. Las mujeres que practican el autocuidado aprenden a reconocer los signos tempranos de estrés y a tomar medidas para mitigarlo antes de que se vuelva abrumador. Esto puede incluir técnicas de relajación como la meditación, la respiración profunda, o simplemente tomarse un tiempo para desconectarse de las responsabilidades diarias y recargar energías. El autocuidado también implica ser consciente de las propias emociones y darles el espacio que necesitan para ser procesadas de manera saludable.

El autocuidado también se manifiesta en la capacidad de las mujeres para establecer y mantener límites saludables. Los límites son esenciales para proteger el bienestar emocional y evitar el agotamiento. Muchas veces, las mujeres pueden sentirse presionadas para decir sí a todo, ya sea por miedo a decepcionar a los demás o por la creencia de que deben ser capaces de manejarlo todo. Sin embargo, aprender a decir no cuando es necesario es un acto poderoso de autocuidado. Al establecer límites claros, las mujeres se aseguran de que están priorizando su bienestar y de que tienen la energía y el tiempo para cuidar de sí mismas de manera adecuada.

Otro componente clave del autocuidado es el mantenimiento de una red de apoyo social. Las relaciones con amigos, familiares y compañeros de trabajo pueden ser una fuente invaluable de fortaleza emocional. Compartir experiencias, buscar consejo o simplemente pasar tiempo con personas que nos aprecian puede ser extremadamente reconfortante y restaurador. El autocuidado implica reconocer la importancia de estas relaciones y hacer un esfuerzo consciente por nutrirlas. También significa ser selectivo con las relaciones, eligiendo rodearse de personas que aportan positivamente al bienestar y evitando aquellas que pueden ser tóxicas o agotadoras.

La alimentación y el ejercicio son aspectos fundamentales del autocuidado físico que también tienen un impacto significativo en el bienestar psicológico. Comer una dieta equilibrada y rica en nutrientes no solo es esencial para la salud física, sino que también tiene un impacto directo en el estado de ánimo y la energía. De la misma manera, el ejercicio regular es una de las formas más efectivas de reducir el estrés, mejorar el estado de ánimo y aumentar la autoestima. El autocuidado implica integrar hábitos saludables en la rutina diaria, no como una obligación, sino como una forma de nutrir el cuerpo y la mente para que puedan funcionar en su mejor versión.

El sueño es otro pilar crucial del autocuidado. La falta de sueño puede tener efectos devastadores en la salud mental, afectando el estado de ánimo, la concentración y la capacidad para manejar el estrés. A pesar de esto, muchas mujeres subestiman la importancia del descanso adecuado, a menudo sacrificando horas de sueño para cumplir con sus múltiples responsabilidades. El autocuidado implica priorizar el sueño, reconociendo que es tan esencial como cualquier otra actividad en la rutina diaria. Establecer una rutina de sueño regular, crear un ambiente propicio para el descanso y evitar el uso de dispositivos electrónicos antes de acostarse son pasos importantes para asegurar un sueño reparador.

El autocuidado también incluye la práctica de la autocompasión, que es la capacidad de tratarse a una misma con amabilidad y comprensión, especialmente en momentos de dificultad. Muchas mujeres son sus peores críticas, juzgándose duramente por sus errores o imperfecciones. Sin embargo, la autocompasión implica reconocer que todas las personas cometen errores y que es natural tener debilidades. Al practicar la autocompasión, las mujeres pueden aliviar la presión interna que se imponen a sí mismas y abordar sus desafíos con mayor paciencia y amabilidad. Esto no solo reduce el estrés, sino que también fortalece la autoestima y el bienestar emocional.

Además, el autocuidado abarca la búsqueda de significado y propósito en la vida. Las mujeres que se sienten conectadas con un propósito más grande, ya sea a través de su trabajo, sus relaciones o sus pasiones, tienden a tener una mayor satisfacción personal y resiliencia. El autocuidado implica dedicar tiempo a explorar y cultivar estas áreas de significado. Esto puede incluir encontrar tiempo para pasatiempos que traen alegría, involucrarse en actividades que contribuyen al bienestar de los demás, o simplemente reflexionar sobre lo que realmente importa en la vida. Al alimentar el sentido de propósito, las mujeres fortalecen su bienestar emocional y encuentran una fuente interna de motivación y satisfacción.

La gestión del tiempo es otro aspecto esencial del autocuidado. En una vida llena de responsabilidades y compromisos, es fácil sentirse abrumada por la falta de tiempo. El autocuidado implica aprender a manejar el tiempo de manera efectiva, estableciendo prioridades claras y evitando la sobrecarga. Esto puede incluir delegar tareas, aprender a decir no, y asegurarse de que se dedica tiempo suficiente a las actividades que realmente importan. La gestión del tiempo también implica dejar espacio para el descanso y la recreación, reconociendo que estos son componentes esenciales de un estilo de vida equilibrado y saludable.

Finalmente, el autocuidado es una herramienta poderosa para el crecimiento personal. Al cuidar de sí mismas, las mujeres no solo preservan su bienestar actual, sino que también construyen una base sólida para su desarrollo futuro. El autocuidado permite a las mujeres estar más en sintonía con sus necesidades, deseos y límites, lo que les ayuda a tomar decisiones más informadas y conscientes. Además, el autocuidado promueve una mayor autoaceptación y autoconfianza, lo que empodera a las mujeres para enfrentar los desafíos de la vida con mayor seguridad y determinación.

En resumen, el autocuidado como herramienta psicológica es fundamental para el bienestar integral de las mujeres. No se trata solo de actos esporádicos de indulgencia, sino de una práctica continua de atender las necesidades físicas, emocionales y mentales. Al incorporar el autocuidado en la rutina diaria, las mujeres pueden mejorar su salud, reducir el estrés, y desarrollar una mayor resiliencia frente a las dificultades. En un mundo que a menudo exige demasiado, el autocuidado es una manera de asegurar que las mujeres se mantengan fuertes, equilibradas y capaces de enfrentar cualquier desafío que la vida les presente.

Relaciones Tóxicas y su Impacto en la Mujer

Las relaciones tóxicas pueden ser devastadoras para el bienestar de una mujer, afectando su salud emocional, mental e incluso física. A menudo, las relaciones tóxicas no comienzan de manera evidente; pueden desarrollarse lentamente con el tiempo, a medida que patrones de comportamiento dañino se establecen y profundizan. Entender qué es una relación tóxica, cómo identificarla y, lo más importante, cómo protegerse de sus efectos es crucial para cualquier mujer que desee mantener su bienestar y felicidad.

Una relación tóxica es aquella en la que una o ambas personas experimentan un patrón persistente de comportamiento negativo que drena la energía, reduce la autoestima y crea un ambiente de estrés constante. Estos comportamientos pueden incluir manipulación, control excesivo, celos desmedidos, críticas constantes, falta de apoyo emocional, y, en los casos más graves, abuso físico o emocional. Aunque las relaciones tóxicas pueden existir en cualquier tipo de vínculo—ya sea romántico, amistoso o familiar—en este capítulo nos centraremos en las relaciones tóxicas en el contexto romántico, ya que suelen tener un impacto profundo y duradero en la vida de una mujer.

Uno de los efectos más dañinos de una relación tóxica es la erosión de la autoestima. Las mujeres en relaciones tóxicas a menudo se encuentran cuestionando su propio valor y dignidad. Esto puede suceder cuando la pareja las critica constantemente, las menosprecia o las hace sentir que nunca son lo suficientemente buenas. Con el tiempo, estas críticas pueden internalizarse, llevando a la mujer a creer que realmente no merece algo mejor o que sus fallos son la causa de los problemas en la relación. Este ciclo de autocrítica y baja autoestima puede atrapar a una mujer en una relación tóxica, haciéndole difícil ver una salida o imaginar una vida mejor.

Las relaciones tóxicas también pueden afectar profundamente la salud mental. El estrés constante, la ansiedad y la depresión son comunes entre las mujeres que están atrapadas en este tipo de relaciones. La incertidumbre sobre cómo será la próxima interacción con la pareja, el miedo a desencadenar una reacción negativa, y la constante presión de intentar evitar conflictos pueden llevar a un estado de tensión constante. Esta tensión puede manifestarse en síntomas físicos como dolores de cabeza, fatiga, problemas digestivos y dificultad para dormir. Con el tiempo, el impacto acumulado de estos síntomas puede tener serias repercusiones en la salud general de la mujer.

Además del daño emocional y mental, las relaciones tóxicas también pueden limitar las oportunidades de crecimiento personal y desarrollo. En una relación tóxica, es común que la pareja intente controlar o aislar a la mujer, limitando su acceso a otras relaciones, oportunidades de trabajo, o actividades que podrían enriquecer su vida. Esta forma de control puede ser sutil, como criticar a los amigos o familiares de la mujer, o más explícita, como prohibirle ver a ciertas personas o participar en ciertas actividades. Esta restricción no solo reduce la libertad de la mujer, sino que también puede hacer que se sienta atrapada y cada vez más dependiente de su pareja tóxica.

El aislamiento social es otro efecto devastador de las relaciones tóxicas. A medida que una mujer se ve más controlada o criticada por su pareja, puede empezar a distanciarse de su red de apoyo, ya sea porque se siente avergonzada de su situación o porque su pareja la ha convencido de que esas relaciones son perjudiciales. Este aislamiento debilita su sistema de apoyo y la deja aún más vulnerable a la manipulación y el control de su pareja. Sin un sistema de apoyo fuerte, puede ser difícil para una mujer ver la realidad de su situación y encontrar la fuerza para salir de la relación tóxica.

Las relaciones tóxicas también pueden distorsionar la percepción de lo que es una relación saludable. Las mujeres que han estado en una relación tóxica por mucho tiempo pueden llegar a aceptar el maltrato como algo normal o inevitable. Pueden comenzar a creer que todas las relaciones son difíciles o que el amor siempre implica sufrimiento. Esta distorsión de la realidad puede llevarlas a entrar en nuevas relaciones tóxicas en el futuro, repitiendo patrones dañinos porque no han tenido la oportunidad de experimentar o aprender lo que es una relación verdaderamente saludable y de apoyo.

Una relación tóxica también afecta la capacidad de una mujer para confiar en los demás. La traición, el engaño y el abuso emocional pueden dejar cicatrices profundas que hacen que sea difícil abrirse a nuevas relaciones en el futuro. Incluso después de salir de una relación tóxica, una mujer puede encontrar que le cuesta confiar en otras personas o permitir que alguien se acerque a ella emocionalmente. Esta falta de confianza no solo puede limitar su capacidad para formar nuevas relaciones, sino que también puede afectar su bienestar general, dejándola sintiéndose aislada y desconectada del mundo que la rodea.

Reconocer que se está en una relación tóxica es el primer paso para recuperar el control sobre la vida y el bienestar. Sin embargo, no siempre es fácil identificar una relación tóxica, especialmente cuando uno está emocionalmente involucrado. Las señales de una relación tóxica pueden incluir sentirse constantemente agotada después de interactuar con la pareja, sentir que uno no puede ser uno mismo, o experimentar un aumento de la ansiedad o la tristeza. También es importante prestar atención a las propias emociones y pensamientos: si uno se encuentra constantemente justificando el comportamiento de la pareja o sintiéndose atrapado en la relación, es probable que algo no esté bien.

Salir de una relación tóxica puede ser extremadamente difícil, pero es esencial para la salud mental y emocional. El proceso puede implicar enfrentar miedos y desafíos significativos, como la posibilidad de estar sola o la confrontación con la pareja. Sin embargo, es importante recordar que la libertad y el bienestar que se obtienen al salir de una relación tóxica son invaluables. Recuperar la autonomía, la autoestima y la capacidad para vivir una vida plena y saludable es un objetivo que vale la pena perseguir.

El apoyo externo es crucial durante el proceso de salir de una relación tóxica. Hablar con amigos, familiares o un terapeuta puede proporcionar la perspectiva y el apoyo necesarios para tomar decisiones difíciles. Un terapeuta, en particular, puede ayudar a una mujer a entender cómo la relación tóxica ha afectado su salud mental y emocional, y a desarrollar estrategias para sanar y reconstruir su vida. El apoyo también puede provenir de grupos de apoyo, donde se pueden compartir experiencias y recibir consejo de personas que han pasado por situaciones similares.

Finalmente, es importante recordar que salir de una relación tóxica es solo el primer paso hacia la curación. La recuperación completa puede llevar tiempo y esfuerzo, ya que implica reconstruir la autoestima, sanar las heridas emocionales, y aprender a confiar y amar de nuevo. Sin embargo, con el tiempo, la mayoría de las mujeres descubren que la vida fuera de una relación tóxica es más libre, más saludable y más feliz. La resiliencia y la fortaleza que se desarrollan durante este proceso no solo ayudan a superar el dolor del pasado, sino que también preparan a la mujer para construir relaciones más saludables y satisfactorias en el futuro.

En conclusión, las relaciones tóxicas pueden tener un impacto devastador en la vida de una mujer, afectando su autoestima, salud mental, y bienestar general. Sin embargo, es posible reconocer estas relaciones, salir de ellas, y comenzar el proceso de curación. Al hacerlo, las mujeres pueden recuperar su poder, su felicidad y su capacidad para vivir una vida plena y significativa. Aprender a identificar y evitar relaciones tóxicas es una habilidad crucial para cualquier mujer que desee proteger su bienestar emocional y construir una vida rica y satisfactoria.

Desarrollo Personal y Autorrealización

El desarrollo personal y la autorealización son conceptos fundamentales para una vida plena y satisfactoria. Para una mujer, estos procesos son la clave para entender quién es realmente, qué quiere en la vida y cómo puede alcanzar su máximo potencial. A lo largo de la vida, las mujeres enfrentan una serie de desafíos y expectativas, tanto externas como internas, que pueden desviar su camino hacia el crecimiento personal. Sin embargo, el desarrollo personal es una herramienta poderosa que permite superar esos obstáculos, encontrar un propósito y lograr una vida rica en significado.

El desarrollo personal se refiere al proceso continuo de mejorar uno mismo, no solo en términos de habilidades o conocimientos, sino también en el crecimiento emocional y espiritual. Es un viaje que comienza con la autoconciencia: la capacidad de mirarse a una misma de manera honesta y reflexiva, para identificar fortalezas y áreas de mejora. La autoconciencia es crucial porque permite a las mujeres reconocer sus verdaderos deseos, aspiraciones y valores, en lugar de simplemente seguir lo que otros esperan de ellas. Este autoconocimiento es el primer paso hacia la autorealización, ya que proporciona una base sólida desde la cual tomar decisiones que estén alineadas con el yo auténtico.

Un aspecto central del desarrollo personal es la superación de las creencias limitantes. A lo largo de la vida, muchas mujeres adoptan creencias negativas sobre sí mismas, ya sea por experiencias pasadas, mensajes culturales o críticas de los demás. Estas creencias limitantes pueden actuar como barreras invisibles que impiden el crecimiento y el éxito. Por ejemplo, una mujer puede creer que no es lo suficientemente inteligente, capaz o merecedora de alcanzar sus metas. Sin embargo, el desarrollo personal implica desafiar estas creencias, examinarlas críticamente y reemplazarlas por pensamientos más empoderadores. Al hacerlo, las mujeres abren nuevas posibilidades para su vida y se acercan un paso más a la autorealización.

El establecimiento de metas es otro componente esencial del desarrollo personal. Las metas proporcionan dirección y propósito, y permiten a las mujeres enfocar su energía en lo que realmente importa para ellas. Es importante que estas metas sean realistas y alcanzables, pero también ambiciosas y desafiantes. Establecer metas que estén alineadas con los valores personales y que resuenen profundamente con el yo auténtico ayuda a mantener la motivación y el compromiso a lo largo del tiempo. Además, el proceso de establecer y alcanzar metas fortalece la autoconfianza, ya que cada logro refuerza la creencia en la propia capacidad para superar desafíos y alcanzar el éxito.

El desarrollo personal también implica la mejora continua de habilidades y conocimientos. En un mundo que cambia rápidamente, la capacidad de aprender y adaptarse es crucial. Esto puede incluir desde adquirir nuevas competencias profesionales hasta aprender a manejar mejor las emociones o mejorar las habilidades interpersonales. La educación y el aprendizaje no solo aumentan las oportunidades laborales, sino que también enriquecen la vida personal y fomentan un sentido de logro y satisfacción. Para las mujeres, el compromiso con el aprendizaje continuo es una forma de mantenerse relevantes y resilientes, además de un medio para alcanzar sus sueños y aspiraciones.

La autorealización, por su parte, es el proceso de alcanzar el pleno potencial de uno mismo. Es la cúspide del desarrollo personal, donde una mujer no solo ha descubierto quién es, sino que también ha comenzado a vivir de acuerdo con esa verdad. La autorealización no es un destino, sino un viaje continuo de crecimiento, donde cada nueva experiencia y desafío ofrece una oportunidad para aprender y evolucionar. Es un estado en el que una mujer se siente en paz consigo misma, satisfecha con sus logros y segura en su capacidad para seguir creciendo y alcanzando nuevas metas.

Uno de los mayores obstáculos para la autorealización es el miedo. El miedo al fracaso, al juicio de los demás, o incluso al éxito, puede paralizar a una mujer y evitar que persiga sus sueños. Sin embargo, el desarrollo personal implica aprender a gestionar estos miedos, reconociéndolos sin dejar que controlen las decisiones. El coraje no es la ausencia de miedo, sino la capacidad de actuar a pesar de él. A medida que las mujeres enfrentan y superan sus miedos, descubren una nueva confianza en sí mismas y en su capacidad para enfrentar cualquier desafío que se les presente.

El desarrollo personal también está intrínsecamente ligado al bienestar emocional y mental. A medida que una mujer trabaja en su crecimiento personal, aprende a manejar mejor sus emociones, a mantener una perspectiva positiva y a desarrollar resiliencia frente a las adversidades. El bienestar emocional es fundamental para la autorealización, ya que permite a una mujer mantenerse equilibrada y enfocada en sus objetivos, incluso en momentos de estrés o dificultad. Además, una mente sana y equilibrada es más capaz de aprovechar al máximo las oportunidades de crecimiento y de disfrutar de los logros alcanzados.

La autorealización también tiene un componente espiritual, aunque no necesariamente religioso. Para muchas mujeres, la autorealización implica encontrar un sentido de propósito y conexión con algo más grande que ellas mismas. Esto puede significar una conexión con la comunidad, con la naturaleza, o con un propósito que trascienda los logros personales. La espiritualidad en este contexto se refiere a un sentido de paz interior y armonía con el mundo que nos rodea. Para algunas mujeres, este sentido de propósito y conexión es lo que les da la fuerza para seguir adelante en su camino de desarrollo personal, especialmente en tiempos de dificultad.

Las relaciones interpersonales juegan un papel importante en el desarrollo personal y la autorealización. Las mujeres que se rodean de personas que las apoyan, las inspiran y las motivan, están mejor equipadas para crecer y alcanzar sus metas.

Las relaciones saludables proporcionan una fuente de apoyo emocional y un espacio seguro para compartir experiencias y desafíos. Además, estar rodeada de personas que comparten valores y aspiraciones similares puede servir como un poderoso catalizador para el crecimiento personal. Sin embargo, también es importante ser selectiva en las relaciones, ya que las relaciones tóxicas pueden obstaculizar el desarrollo personal y desviar el enfoque de la autorealización.

El autocuidado, como mencionamos en un capítulo anterior, es una parte crucial del desarrollo personal. Sin un enfoque en el bienestar físico y emocional, es difícil tener la energía y la claridad mental necesarias para el crecimiento personal. El autocuidado no solo es una forma de mantener el equilibrio, sino que también es una manera de honrar y respetar el propio cuerpo y mente, lo que a su vez refuerza la autoestima y la confianza en uno mismo. Practicar el autocuidado de manera regular permite a las mujeres mantenerse en su mejor forma, lo que les facilita enfrentar los desafíos del desarrollo personal con mayor eficacia y determinación.

La autorealización también implica aceptar la responsabilidad por la propia vida. Esto significa dejar de culpar a las circunstancias o a los demás por lo que no ha salido bien, y en su lugar, tomar el control de las decisiones y acciones. La responsabilidad personal es un componente vital del crecimiento, ya que empodera a las mujeres para crear la vida que desean, en lugar de esperar que algo o alguien más lo haga por ellas. Al asumir la responsabilidad, las mujeres se convierten en las arquitectas de su propio destino, capaces de moldear su vida de acuerdo con sus verdaderos deseos y aspiraciones.

Finalmente, el desarrollo personal y la autorealización son procesos que nunca terminan. No importa cuántas metas se hayan alcanzado o cuántos obstáculos se hayan superado, siempre hay más por descubrir, aprender y lograr. Este continuo viaje de crecimiento es lo que hace que la vida sea rica y significativa. A medida que las mujeres se comprometen con su desarrollo personal, descubren que la autorealización no es un estado fijo, sino una evolución constante hacia versiones cada vez más auténticas y plenas de sí mismas.

En conclusión, el desarrollo personal y la autorealización son esenciales para que una mujer viva una vida llena de propósito y satisfacción. Estos procesos requieren autoconciencia, el establecimiento de metas, la superación de miedos y creencias limitantes, y un compromiso continuo con el aprendizaje y el crecimiento. Aunque el camino puede estar lleno de desafíos, el resultado final es una vida en la que una mujer se siente completamente realizada, en paz consigo misma y empoderada para seguir creciendo y evolucionando en todas las áreas de su vida.

La Mujer y el Envejecimiento

El envejecimiento es un proceso natural que todas las personas experimentan, pero para muchas mujeres, este proceso está cargado de expectativas sociales, presiones culturales y emociones complejas. A medida que una mujer envejece, enfrenta no solo cambios físicos, sino también transformaciones en su identidad, sus roles en la vida y la forma en que la sociedad la percibe. Entender y aceptar el envejecimiento como una etapa valiosa y significativa de la vida es esencial para que las mujeres puedan vivir estos años con gracia, confianza y satisfacción.

El envejecimiento en la mujer suele comenzar a manifestarse en cambios físicos visibles. La piel pierde elasticidad, aparecen arrugas, el cabello puede volverse más delgado o gris, y el cuerpo puede cambiar de forma. Estos cambios son naturales y forman parte del ciclo de vida, pero a menudo son acompañados por una presión social para "envejecer bien," lo que puede significar para muchas mujeres mantener una apariencia juvenil el mayor tiempo posible. Esta presión puede llevar a sentimientos de inseguridad y a un deseo de revertir o esconder los signos del envejecimiento, ya sea a través de productos de belleza, procedimientos estéticos o cambios en el estilo de vida.

Sin embargo, es importante que las mujeres comprendan que la belleza no desaparece con la edad, sino que se transforma. La sabiduría, la experiencia y la confianza adquiridas a lo largo de los años pueden añadir una profundidad y un carisma que van más allá de lo físico. Aceptar el envejecimiento significa reconocer que cada arruga cuenta una historia, cada cana refleja una experiencia vivida, y que la verdadera belleza radica en la autenticidad y la serenidad que vienen con la madurez. En lugar de luchar contra el envejecimiento, abrazarlo como una parte natural del ciclo de vida puede liberar a las mujeres de las limitaciones de las expectativas externas y permitirles vivir con mayor libertad y autocompasión.

El envejecimiento también puede traer consigo un cambio en los roles que una mujer juega en la vida. Las responsabilidades de la maternidad, el trabajo, y el cuidado de la familia pueden disminuir o cambiar de forma, dejando espacio para que la mujer explore nuevas oportunidades y pasiones. Este cambio puede ser tanto liberador como desafiante. Para algunas mujeres, puede ser un momento de redescubrimiento, en el que se encuentran con más tiempo y libertad para dedicarse a actividades que antes no podían explorar. Para otras, el cambio puede generar una sensación de pérdida, especialmente si su identidad estaba estrechamente ligada a estos roles.

La transición a nuevas etapas de la vida también puede traer consigo reflexiones sobre el significado y el propósito. A medida que las mujeres envejecen, a menudo se vuelven más introspectivas, evaluando lo que realmente les importa y buscando formas de dejar un legado positivo. Este sentido de propósito puede encontrarse en diversas áreas, como el voluntariado, la mentoría, la creatividad o el simple hecho de disfrutar de la vida cotidiana de una manera más consciente. Para muchas mujeres, esta etapa de la vida ofrece la oportunidad de reconectar con lo que les apasiona y de vivir con una mayor autenticidad, sin las presiones que a menudo acompañan a los años más jóvenes.

Sin embargo, el envejecimiento también puede traer consigo desafíos emocionales y psicológicos. La idea de perder juventud y vitalidad puede ser difícil de aceptar, y para algunas mujeres, el proceso de envejecimiento puede estar acompañado por sentimientos de ansiedad, depresión o miedo. Estos sentimientos a menudo se ven amplificados por una sociedad que valora la juventud y que puede hacer que las mujeres mayores se sientan invisibles o menospreciadas. Es crucial que las mujeres se den permiso para sentir y procesar estas emociones, buscando apoyo si es necesario, ya sea a través de amigos, familia o profesionales de la salud mental.

El envejecimiento también tiene un impacto en las relaciones. Las dinámicas con la pareja, los hijos y los amigos pueden cambiar, y a medida que una mujer envejece, puede enfrentarse a la pérdida de seres queridos o a la soledad. Sin embargo, esta etapa de la vida también puede ser una oportunidad para fortalecer las relaciones existentes y construir nuevas conexiones. Muchas mujeres encuentran que, a medida que envejecen, sus relaciones se vuelven más profundas y significativas, basadas en un respeto mutuo y una comprensión más profunda de sí mismas y de los demás. Este es un momento para cultivar la intimidad emocional y disfrutar de las relaciones en un nivel más auténtico y significativo.

En términos de salud, el envejecimiento trae consigo la necesidad de prestar una mayor atención al cuerpo. Los cambios hormonales, como la menopausia, pueden tener un impacto significativo en el bienestar físico y emocional de una mujer. Es esencial que las mujeres se mantengan informadas y busquen el cuidado adecuado para manejar estos cambios. Adoptar un estilo de vida saludable, que incluya una dieta equilibrada, ejercicio regular y una buena gestión del estrés, puede ayudar a mitigar algunos de los efectos negativos del envejecimiento y promover un envejecimiento saludable. Mantenerse activa y comprometida con la propia salud es una forma de tomar control del proceso de envejecimiento y de asegurarse de que se viva de la mejor manera posible.

La menopausia, en particular, es un hito importante en la vida de una mujer y puede traer consigo una serie de cambios físicos y emocionales. Algunas mujeres experimentan síntomas como sofocos, cambios de humor y problemas de sueño, mientras que otras pasan por la menopausia con pocos problemas. Sin embargo, la menopausia también puede ser vista como un momento de renovación, una transición hacia una nueva fase de la vida en la que las mujeres ya no están limitadas por las preocupaciones relacionadas con la fertilidad. Es una oportunidad para enfocarse en el bienestar personal, en el desarrollo de nuevas pasiones y en la creación de una vida que refleje los valores y deseos más profundos de la mujer.

En muchos sentidos, el envejecimiento puede ser una etapa de liberación. Las expectativas de la sociedad pueden volverse menos apremiantes, y las mujeres pueden sentirse más libres para ser ellas mismas, sin la presión de cumplir con ciertos estándares o roles. Esta libertad puede ser empoderadora, permitiendo a las mujeres explorar nuevas oportunidades, disfrutar de sus pasatiempos y vivir de acuerdo con sus propios términos. En lugar de ver el envejecimiento como un declive, muchas mujeres lo ven como una oportunidad para crecer y florecer de nuevas maneras, encontrando alegría y significado en cada etapa de la vida.

Es importante destacar que el envejecimiento no es solo un proceso individual, sino también social. La manera en que la sociedad trata a las mujeres mayores tiene un impacto significativo en cómo ellas perciben el envejecimiento. En muchas culturas, las mujeres mayores son veneradas por su sabiduría y experiencia, mientras que en otras, pueden ser vistas como menos valiosas o incluso invisibles. Sin embargo, a medida que la sociedad evoluciona, también cambia la percepción del envejecimiento. Cada vez más, las mujeres mayores están reclamando su lugar en el mundo, demostrando que la vida no termina con la juventud, sino que puede ser rica, vibrante y llena de oportunidades en cualquier edad.

La percepción del envejecimiento también está cambiando en los medios de comunicación y la cultura popular. Más mujeres mayores están siendo representadas en papeles importantes y se celebra su experiencia y sabiduría. Esto ayuda a cambiar las actitudes sociales hacia el envejecimiento y a inspirar a las mujeres a aceptar esta etapa de la vida con orgullo y confianza. Es crucial que las mujeres vean ejemplos positivos de envejecimiento, que les muestren que es posible ser activa, vibrante y feliz a cualquier edad.

En conclusión, el envejecimiento es una parte inevitable de la vida, pero cómo se experimenta y se vive depende en gran medida de la perspectiva y la actitud. Para las mujeres, el envejecimiento puede ser una etapa rica en oportunidades para el crecimiento personal, la autorrealización y el disfrute de la vida. Aceptar los cambios físicos y emocionales como parte natural del ciclo de vida, y encontrar nuevas maneras de florecer en cada etapa, es clave para vivir el envejecimiento de manera positiva y satisfactoria. En última instancia, el envejecimiento no es un final, sino una continuación del viaje de la vida, lleno de posibilidades para aprender, crecer y disfrutar de todo lo que la vida tiene para ofrecer.

Hacia una Mayor Comprensión y Bienestar

Al llegar al final de este libro, es importante reflexionar sobre lo que hemos aprendido y cómo podemos aplicar este conocimiento para lograr una mayor comprensión y bienestar en la vida de las mujeres. La mente femenina es un terreno complejo y multifacético, influido por una variedad de factores biológicos, emocionales, sociales y culturales. Entender estos factores y cómo interactúan entre sí es fundamental para promover un bienestar duradero, no solo en las mujeres, sino también en la sociedad en general.

La comprensión de la mente femenina comienza con el reconocimiento de su singularidad. Cada mujer es un individuo con una mente y un conjunto de experiencias únicos. Aunque hay tendencias generales que pueden ser observadas en términos de cómo las mujeres procesan sus emociones, toman decisiones o se relacionan con los demás, es crucial recordar que cada mujer es diferente. La personalización del enfoque en la comprensión y apoyo a las mujeres es esencial. No se trata de encajar a todas las mujeres en un molde, sino de respetar y valorar sus diferencias individuales, sus historias y sus perspectivas.

Un aspecto clave para el bienestar es la autoaceptación. Muchas veces, las mujeres se enfrentan a expectativas externas que pueden ser abrumadoras. Desde la presión para cumplir con ciertos estándares de belleza, hasta las expectativas de desempeño en roles profesionales y familiares, las mujeres pueden sentirse atrapadas en un ciclo interminable de exigencias. La autoaceptación implica reconocer estas presiones, pero también aprender a poner límites y a priorizar el bienestar personal. Aceptarse a sí misma tal como es, con fortalezas y debilidades, es un paso fundamental hacia una vida más equilibrada y feliz.

El autocuidado es otro componente esencial para el bienestar de las mujeres. Cuidarse a sí misma no es un acto egoísta, sino una necesidad para mantener la salud física y mental. El autocuidado puede tomar muchas formas, desde tomarse un tiempo para relajarse y descansar, hasta buscar apoyo cuando se siente abrumada o enfrentarse a situaciones difíciles. El autocuidado también implica nutrir el cuerpo con una buena alimentación, ejercicio regular y descanso adecuado, así como nutrir la mente y el espíritu a través de actividades que brinden alegría y satisfacción personal. Las mujeres a menudo se sienten responsables de cuidar de los demás, pero es importante recordar que no pueden cuidar a otros de manera efectiva si no se cuidan a sí mismas primero.

La búsqueda del bienestar también pasa por la comprensión de las propias emociones y la capacidad de manejarlas de manera saludable. Las emociones son una parte intrínseca de la experiencia humana, y para las mujeres, pueden ser particularmente intensas debido a una serie de factores hormonales, sociales y personales. En lugar de ver las emociones como algo que necesita ser suprimido o controlado, es más beneficioso aprender a reconocerlas, entender su origen y expresarlas de manera constructiva. Esto puede implicar hablar con un amigo de confianza, escribir en un diario, o buscar terapia cuando sea necesario. Las emociones no son un signo de debilidad, sino una señal de lo que es importante y de lo que necesita ser atendido en la vida.

Un aspecto importante de la búsqueda del bienestar es el desarrollo de una red de apoyo sólida. Las relaciones interpersonales juegan un papel crucial en la vida de las mujeres. Tener amigos, familiares y colegas que ofrezcan apoyo emocional, comprensión y compañía puede marcar una gran diferencia en la capacidad de una mujer para manejar el estrés y los desafíos de la vida. Las redes de apoyo también pueden ofrecer perspectivas diferentes, ayudar a resolver problemas y brindar una sensación de pertenencia y conexión que es vital para el bienestar emocional.

El papel de la cultura en la vida de las mujeres también es un factor importante a considerar en la búsqueda del bienestar. Las normas culturales pueden influir en cómo las mujeres ven a sí mismas, en sus roles en la sociedad, y en las expectativas que sienten que deben cumplir. Comprender el impacto de la cultura en la vida de las mujeres es esencial para poder cuestionar y, si es necesario, desafiar estas normas. Al hacerlo, las mujeres pueden encontrar un mayor sentido de libertad y autenticidad en sus vidas, viviendo de acuerdo con sus propios valores y deseos en lugar de los impuestos por la sociedad.

La educación y el autoconocimiento son herramientas poderosas en la búsqueda del bienestar. Cuanto más sepan las mujeres sobre su propia psicología, más capaces serán de manejar los desafíos que enfrentan. La educación en áreas como la inteligencia emocional, la resiliencia, la comunicación efectiva y la gestión del estrés puede empoderar a las mujeres para tomar el control de sus vidas y enfrentar las adversidades con confianza. La educación también permite a las mujeres ser defensoras de sí mismas, abogar por sus derechos y necesidades en todos los ámbitos de la vida.

La resiliencia es otra característica clave que puede ayudar a las mujeres a navegar los altibajos de la vida con mayor facilidad. La resiliencia no significa evitar los problemas o no sentir dolor, sino más bien la capacidad de recuperarse después de las dificultades. Las mujeres que desarrollan resiliencia pueden enfrentar los desafíos con una actitud positiva, aprender de sus experiencias y seguir adelante con determinación. La resiliencia también está relacionada con la capacidad de ver el cambio como una oportunidad de crecimiento, en lugar de una amenaza. A través de la resiliencia, las mujeres pueden construir vidas más satisfactorias y significativas, sin importar las circunstancias.

En última instancia, la búsqueda del bienestar para las mujeres es un viaje continuo. No hay una fórmula mágica que funcione para todas, pero hay principios y prácticas que pueden guiar a cada mujer hacia una vida más plena y satisfactoria. Estos incluyen la autoaceptación, el autocuidado, la comprensión emocional, el desarrollo de redes de apoyo, la educación continua, la resiliencia y el cuestionamiento de las normas culturales. Al integrar estos elementos en la vida diaria, las mujeres pueden encontrar una mayor paz interior, una sensación de propósito y una verdadera satisfacción en sus vidas.

El bienestar no es un estado estático, sino un proceso dinámico de crecimiento y adaptación. A medida que cambian las circunstancias de la vida, las mujeres deben estar dispuestas a ajustar sus enfoques y a buscar nuevas maneras de cuidar de sí mismas y de los demás. Esto puede implicar la adopción de nuevas prácticas de autocuidado, la reevaluación de relaciones y compromisos, y la búsqueda de nuevas fuentes de apoyo y alegría. El bienestar es un equilibrio entre las demandas de la vida y las necesidades personales, y cada mujer tiene la capacidad de encontrar ese equilibrio de manera que funcione mejor para ella.

La comprensión de la mente femenina es un primer paso esencial hacia el bienestar. Al explorar y entender los factores que influyen en el pensamiento, las emociones y el comportamiento de las mujeres, es posible tomar decisiones más informadas y conscientes en la vida cotidiana. Este conocimiento permite a las mujeres reconocer sus necesidades, establecer límites saludables, y buscar apoyo cuando sea necesario. Al hacerlo, pueden construir una vida que no solo sea funcional, sino también rica en significado y satisfacción.

Al cerrar este capítulo, es importante recordar que el camino hacia una mayor comprensión y bienestar es personal y único para cada mujer. No hay un único camino correcto, y lo que funciona para una persona puede no funcionar para otra. Sin embargo, al adoptar una actitud de apertura, curiosidad y autoaceptación, cada mujer puede encontrar su propio camino hacia una vida más plena y satisfactoria. La clave está en escuchar a la propia mente y cuerpo, aprender de las experiencias y estar dispuesta a hacer cambios cuando sea necesario. Con el tiempo, este enfoque puede conducir a una vida rica en bienestar, satisfacción y felicidad.

www.ingramcontent.com/pod-product-compliance
Lightning Source LLC
Chambersburg PA
CBHW021210160726
47994CB00001B/411